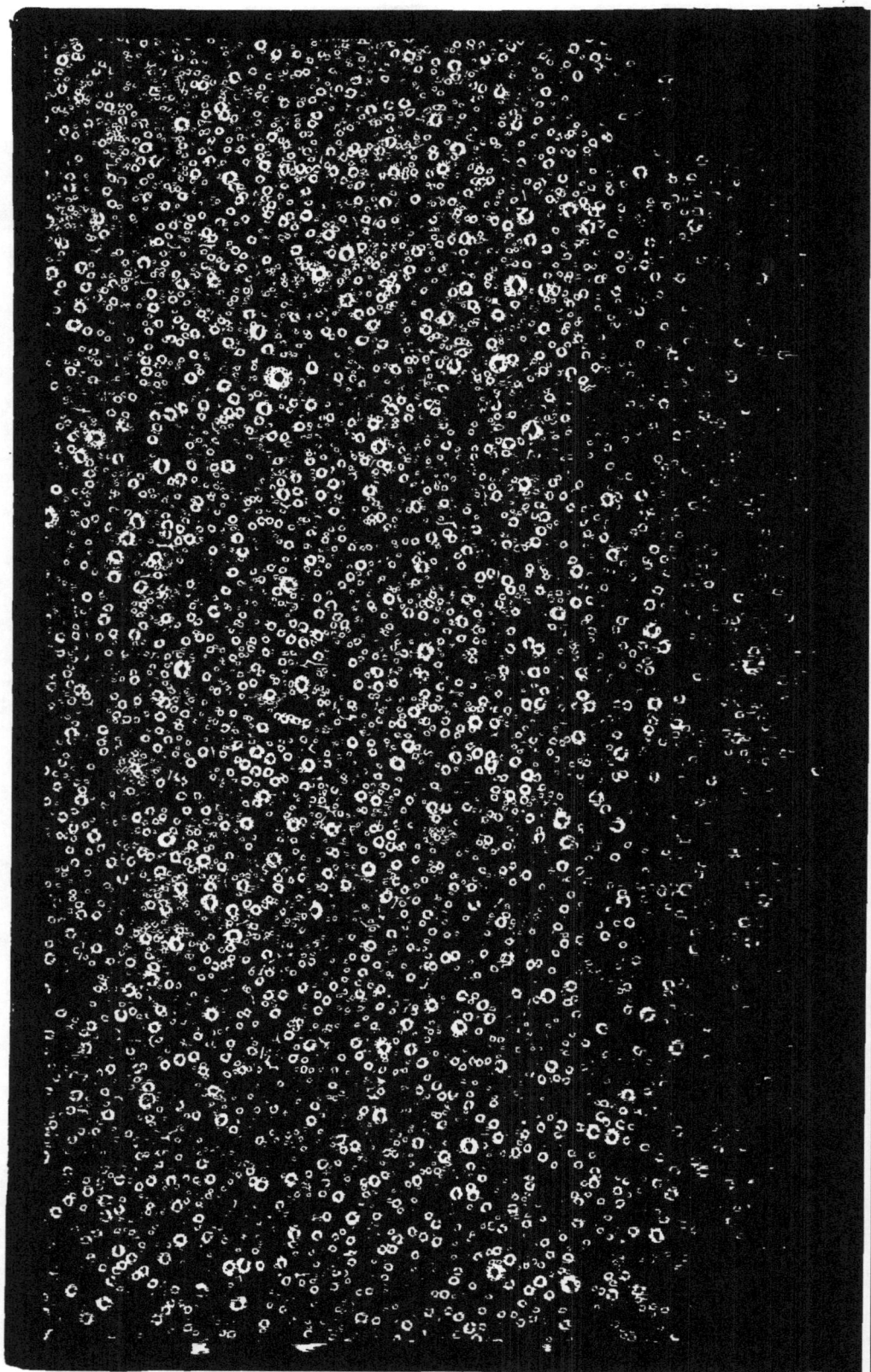

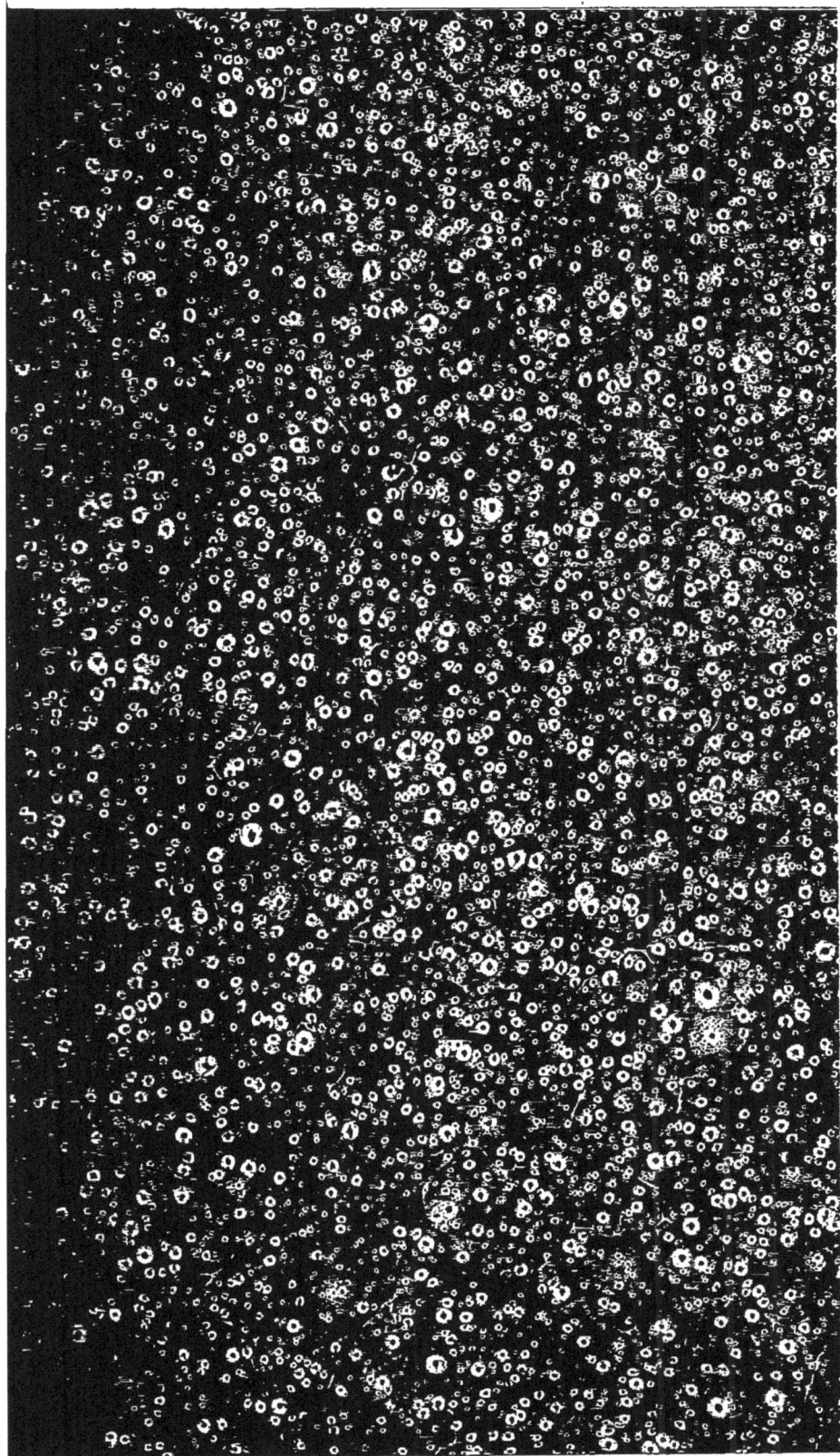

LK⁷/347

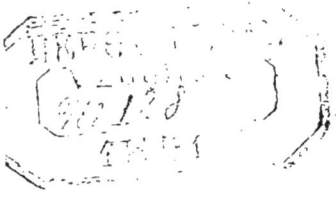

LE PÈLERINAGE

DE

SAINTE ANNE D'APT.

Cet ouvrage se trouve :

A APT, chez l'Auteur , rue des Pénitents-Noirs ;
A AVIGNON, chez MM. Seguin aîné, et Aubanel , Imprimeurs-Libraires ;
A AIX , chez M. Sardat , Libraire ;
A MARSEILLE , chez M. Chauffard , Libraire, place Noailles.

Le prix en est de 1 fr. — Par la poste 1 fr. 50.

On est prié d'affranchir les lettres de demande et l'argent.

LE PÈLERINAGE

DE

SAINTE ANNE D'APT

OU

HISTOIRE DE LA DÉVOTION DES PEUPLES

AUX SAINTES RELIQUES

DE LA

GLORIEUSE MÈRE DE MARIE

DEPUIS LEUR TRANSLATION DE JÉRUSALEM EN PROVENCE
JUSQU'A CE JOUR.

Hæc scripta sunt ut credatis.
(JOAN. Cap. XX.)

PAR M. L'ABBÉ GAY.

AVIGNON

SEGUIN AÎNÉ, IMPRIMEUR-LIBRAIRE
rue Bouquerie, 13.

1851

PRÉFACE.

L'ouvrage que nous publions aujourd'hui est destiné, ainsi que l'indique son titre, à fortifier dans tous les cœurs la dévotion à la glorieuse Sainte Anne, dont la ville d'Apt a l'insigne bonheur de posséder le corps précieux, et à faire refleurir, pour le pèlerinage à son saint tombeau, cette beauté et cette poésie que lui virent les anciens jours.

Dans un siècle où presque chaque année, comme au moyen âge, un fléau pestilentiel menace les populations méridionales, disons mieux, où il exerce si souvent ses affreux ravages, et porte dans le sein d'un si grand nombre de familles la consternation et le deuil, proposer à une province désolée une libératrice oubliée, dont tant de fois jadis elle éprouva les bienfaits, n'est-ce point une pensée heureuse et digne d'être accueillie ?

LE PÈLERINAGE

DE

SAINTE ANNE D'APT.

●●●●●●●●●●●●●●●●●●●●●●●●●●●●●●●●●●●●●●

INTRODUCTION.

APT, SON ANTIQUITÉ ET SON IMPORTANCE PLUSIEURS SIÈCLES AVANT JÉSUS-CHRIST.

LA ville d'Apt (aujourd'hui chef-lieu du quatrième arrondissement du département de Vaucluse), existait déjà depuis plusieurs siè-cles, d'après nos annales, lorsqu'elle passa sous la domination des Romains vers l'an 123 avant J. C. Ses vainqueurs, la trouvant pro-pre à leur faciliter la conquête du reste des Gaules, la relevèrent des ses ruines, et l'em-bellirent à l'instar même de villes du Latium. Par l'ordre du premier des Césars, qui l'é-rigea en colonie romaine et lui donna son nom, le proconsul Lépide l'orna d'un amphi-théâtre et d'un cirque, et sous l'Empereur Claude, le prétoire, réparé et considérable-ment agrandi, s'éleva majestueusement sur une des places les plus éminentes de la cité, et prit le nom superbe de Capitole. (1) Des temples nombreux, élevés en l'honneur des dieux de Rome, un arc de triomphe consacré à la gloire du nom de César, des monuments publics multipliés, donnaient à cette ville l'aspect d'une des plus florissantes cités des Gaules. (2).

Telle était Apt aux jours de sa splendeur et au moment où le ciel, jetant sur elle un regard de miséricorde, la tira des épaisses ténèbres de l'idolâtrie, en l'appelant à la connaissance de l'Évangile. Bientôt sonna pour elle l'heure des persécutions, et les invasions réitérées des Barbares venant à leur suite, cette cité se vit plusieurs fois couverte d'immenses ruines. De sorte qu'aujourd'hui Apt ne conserve plus rien de son antique splendeur.

Mais si cette ville n'offre plus aux regards du touriste et du curieux voyageur aucune

(1) Il est désigné par ce nom dans les actes du Martyre de St Auspice :

Capitolium Claudianum et Neronianum.

(2) Pour preuve de son importance, nous citerons ici le témoignage de Pline, qui la met au nombre des villes qui jouissaient, dans les Gaules, du droit de latinité :

Oppida latina, Aquæ Sextiæ Saliorum, Avenio Cavarum, Apta Julia Vulgientium, Augusta Tricastinorum.

trace saillante de cette gloire première dont la
dota autrefois la maîtresse de l'univers, d'où
vient qu'elle ne cesse, depuis près d'un millier
de siècles, d'attirer vers elle les pas du pieux
pèlerin, et de fixer l'attention de l'Europe entière?... C'est qu'en perdant ses antiques monuments, elle n'a fait, pour ainsi dire, que
secouer les haillons de son ancienne grandeur,
pour se parer d'ornements bien autrement précieux que ceux dont l'avait ornée la fastueuse
munificence des Césars, et qu'au point de vue
religieux, Apt chrétienne, avec sa basilique
aux glorieux souvenirs, et la TOMBE sacrée de
la bienheureuse Sainte Anne, l'auguste mère
de Marie, dont le Ciel l'a rendue dépositaire,
n'a rien à envier aujourd'hui à ces temps
où son sol était couvert de monuments
somptueux, qu'habitaient quelquefois les maî-
tres du monde.

Notre dessein, dans ce petit ouvrage, est donc
de parler de la glorieuse Sainte Anne d'Apt.

Faire l'historique de la translation et de la découverte de son saint corps au milieu de nous;
parler de la dévotion des peuples envers notre sainte patronne, et des faveurs célestes que
Dieu n'a jamais cessé d'accorder et accorde
encore tous les jours à tous ceux qui vien-

nent la prier avec foi et persévérance : telle
est la tâche laborieuse que nous avons entre-
prise. Puissent nos faibles efforts faire accroî-
tre et fortifier toujours de plus en plus cette
consolante dévotion dans l'esprit des pieux
fidèles de la religieuse Provence , et faire vé-
nérer ici-bas CELLE qui fut à tant de titres
la gloire de Jérusalem , la joie d'Israël, et qui
fait, déjà depuis plus de quinze siècles, l'honneur et l'orgueil de la population aptésienne !

CHAPITRE I.

CONVERSION DE LA VILLE D'APT A L'EVANGILE PAR
LE MINISTÈRE DE SAINT AUSPICE, DÈS LE PRE-
MIER SIÈCLE DE L'ÈRE CHRÉTIENNE. ANTIQUITÉ
DES TRADITIONS APTÉSIENNES AU SUJET DE LA
TRANSLATION DU CORPS DE SAINTE ANNE DE JÉRU-
SALEM EN PROVENCE. PERSÉCUTION DE L'ÉGLISE
D'APT.

> Dieu vous fera remonter
> de cette terre ; transportez
> d'ici mes os avec vous.
> (GEN. Chap. 50.)

Dès que Jésus-Christ eut intimé à ses apôtres l'ordre d'aller enseigner et baptiser toutes les nations, ceux-ci, remplis de la divine
charité de leur Maître, se divisèrent le monde,
et chacun s'empressa d'accomplir, dans la portion qui lui était échue, sa céleste mission.
Jacques le juste demeure à Jérusalem pour
fortifier ses frères dans la foi ; Philippe va
évangéliser la haute Asie, Jean l'Asie mineure,
André l'Achaïe, Thomas les Indes ; Jacques,
frère de Jean, traverse les mers pour prêcher
Jésus-Christ au milieu de l'Espagne ; tous, en
un mot, marchent, sous l'impulsion de l'Es-

prit divin, à la conquête du monde. Pierre et Paul, arrêtant leurs regards d'Apôtres sur la capitale de l'univers, vont frapper au cœur l'idolâtrie au milieu même de Rome la superbe.

Après de nombreux combats et des efforts inouïs, les princes des Apôtres succombèrent dans la lutte ; Rome s'enivra de leur sang, mais leur esprit ne s'éteignit point avec eux, et de nombreux enfants, héritiers de leur foi et de leur courage, se chargèrent de continuer, aux mêmes périls, leur œuvre de civilisation et de charité. L'idolâtrie avait cru ressaisir par leur mort le sceptre de la victoire ; mais elle sentit bientôt que son trône ébranlé chancelait sous elle et ne tarderait pas à se renverser : elle n'avait point soupçonné que le sang des Apôtres pût être une semence féconde de nouveaux chrétiens.

Déjà la foi du Calvaire avait jeté de si profondes racines au milieu de la population romaine, malgré les orages des premières persécutions, qu'on vit bientôt surgir de son sein de nouveaux Apôtres, qui voulurent à leur tour aller faire partager aux nations lointaines, assises encore à l'ombre de la mort, le bienfait de la lumière évangélique, dont ils

venaient d'être eux-mêmes si surabondam-
ment éclairés.

Du nombre de ces hommes généreux était
Auspice. Formé au ministère évangélique par
le Pape saint Clément, le disciple et le troisième
successeur de l'Apôtre saint Pierre, qui l'avait
été lui-même par Jésus-Christ, Auspice avait
puisé dans les leçons de son maître, ce feu
sacré de la charité et ce zèle devorant du salut
des âmes qui brûle un cœur du désir de com-
muniquer aux autres les célestes ardeurs dont
il est lui-même embrasé, cette charité et ce
zèle, en un mot, qui font le véritable Apôtre.
Quoique issu d'une famille consulaire de Rome,
et qu'il fût, au dire d'un ancien historien (1),
« UN PATRICE *célèbre par la gloire de ses aïeux,*
» *assis longtemps sur l'aigle dans le conclave*
» *des cent pères* », il se hâta néanmoins de
suivre la voix de Jésus-Christ qui l'appelait à

(1) Legrand, *Sépulcre de Madame Sainte Anne.* Cet
auteur, que nous aurons quelquefois occasion de citer
dans le cours de ce petit ouvrage, était avocat et pro-
cureur du roi à Apt. Dans son livre intitulé *Le Sépulcre
de Madame Sainte Anne*, qu'il publia en 1605, il parle
d'un cahier très-ancien, extrait lui-même d'un original
latin par un notaire signé au bas. C'est de ce cahier
qu'il a tiré tous les détails qu'il nous a laissés dans
son livre.

la conquête des âmes. Parents, amis, richesses, dignités, patrie, rien ne put enchaîner un instant ses pas, dès que son front eut été sacré de l'huile sainte qui fait les Pontifes.

Il choisit pour compagnons de ses courses évangéliques Euphrase et Émilien, et s'avançant, à travers la Toscane, la Ligurie et les Alpes, vers la Gaule Narbonnaise, la divine Providence le conduisit à Apt, capitale de la colonie julienne (1). La noblesse de ses manières, son admirable mansuétude, le ton de candeur et de conviction dont il savait assaisonner toutes ses paroles, joint à l'onction de la grâce divine qui opérait dans les cœurs, lui eurent bientôt conquis l'estime et l'affection de tous ceux qui eurent le bonheur de l'entendre. Corilius, l'un des principaux du pays, qui avait eu la générosité de recevoir sous son toit le saint Apôtre de Jésus-Christ, fut sa première conquête. Auspice l'instruisit des dogmes sacrés de la foi, et le régénéra ensuite, avec toute sa famille, dans les eaux salutaires du baptême. Bientôt trois autres citoyens de la colonie, nommés Verdensius, Uxellicus et Beninus, amis de Corilius, s'empressèrent éga-

(1) Vers l'an 97 de Jésus-Christ, sous l'empire de Nerva.

lement de solliciter la même faveur auprès du bienheureux Auspice. Dès que le bruit de leur conversion se fut répandu dans la ville , chacun voulut connaître par lui-même cette religion nouvelle dont on disait tant de merveilles. La maison de Corilius ne pouvant dès lors plus suffire à la foule immense qui se pressait autour du saint Pasteur pour entendre la divine parole , Auspice fut contraint de faire ses exhortations au milieu des places publiques, et Dieu continuant à seconder ses efforts par l'efficacité de sa grâce , bientôt la ville renonça presqu'entièrement, au vain culte de l'idolâtrie, pour embrasser la sainte religion du Calvaire...

Ce fut alors , disent nos histoires, qu'Auspice jeta les premiers fondements de notre basilique, en élevant , pour le service de son nouveau troupeau , sur les ruines de l'amphithéâtre , un oratoire dédié à la Reine du ciel. La tradition , qui s'est perpétuée d'âge en âge jusqu'à nos jours , rapporte en effet que le saint Apôtre des Aptésiens se retirait dans ces grottes souterraines que l'on voit encore au-dessous même du sanctuaire de la cathédrale , pour y célébrer les saints mystères et y baptiser les premiers chrétiens. (1)

Pendant qu'Auspice travaillait ainsi à gagner des âmes à Jésus-Christ, plusieurs Apôtres non moins illustres jetaient aussi autour de lui les fondements d'autres colonies chrétiennes.

C'est en effet dans ce même temps, suivant les vénérables traditions de Provence, que le bienheureux Lazare, l'ami de Jésus-Christ, évangélisait Marseille, Maximin Aix, et Trophime Arles, la Rome des Gaules.... Cependant l'enfer, jaloux des progrès de la foi, allume contre le saint Apôtre d'Apt la haine et la fureur des prêtres idolâtres. A la vue de la désertion qui s'opérait de jour en jour, dans leurs temples, ils dénoncent Auspice à l'Empereur comme un séditieux propagateur d'une doctrine ennemie des dieux protecteurs de l'empire. Vers ce même temps, Euphrase et Émilien, les deux compagnons de l'Apôtre, s'endormirent paisiblement dans le Seigneur. Auspice les inhuma dans la grotte souterraine, et prévoyant que la persécution excitée contre lui ne tarderait pas à l'atteindre, il en avertit son troupeau chéri, pour le prépa-

(1) Voir la description de ces grottes au Chapitre VI de ce volume.

rer d'avance à la douleur de sa perte puis ;
voulant soustraire à la profanation des païens
le corps précieux de Sainte Anne, l'aïeule de
Jésus-Christ et la mère de Marie, qu'il avait
lui-même apporté de Rome dans les Gaules,
ou qu'il avait reçu des mains de saint Lazare,
évêque de Marseille, comme l'assurent quelques historiens, il le cacha, selon nos légendes, dans la grotte la plus basse, en mura
l'entrée, et se prépara ensuite, par la prière
et la résignation, à la consommation de son
sacrifice. (1)

Les jours d'épreuves qu'avait prévus le saint
Apôtre d'Apt ne se firent pas longtemps

(1) Le corps de Sainte Anne, inhumé d'abord à
Bethléem dans le tombeau de ses ancêtres, fut trans-
féré dans la suite à Jérusalem par les premiers
chrétiens ; enfin, un peu plus tard, il fut de là trans-
porté en Provence.

L'on voit encore aujourd'hui à Jérusalem le tombeau où il fut déposé, dans l'église de Notre-Dame
de Josaphat, à côté de celui de saint Joachim, son
époux, ainsi que l'assure M. le Vicomte de Château-
briand, dans son *Itinéraire de Paris a Jérusalem*, tom. 2.

Le Martyrologe fait mention de cette translation du
corps de Sainte Anne en Provence ; plusieurs villes de
France en font la fête, et un très-grand nombre, en
Europe, s'honorent de posséder quelques petites portions des saintes reliques de notre auguste patronne.

attendre. Arrêté par ordre de l'Empereur comme un contempteur impie des dieux de Rome, il fut livré aux juges Dactile et Auffidien, et condamné par eux à perdre ignominieusement la vie.

Auspice souffrit avec courage, et rendit enfin sa belle âme à son Créateur dans les douleurs d'un long et cruel martyre, le 4 des nones d'Août, sous l'empire de Trajan, l'an 102 de Jésus-Christ. (1)

La persécution, en frappant le pasteur, jeta la désolation et le deuil dans le sein de son Église naissante. Les amis du saint Apôtre d'Apt, et ceux qui, par leur zèle, avaient le plus contribué à la propagation de l'Évangile dans nos contrées, ne furent sans doute guère plus épargnés. Le lieu de la prière et du sacrifice fut renversé, et les fidèles brebis, errant sans pasteur autour de ses ruines, durent offrir une proie facile à la fureur des loups.

(1) *Passus est autem beatissimus Pontifex et martyr Auspicius, in Aptensi civitate, Trajano principe, Dactilio præsidiali judice et Auffidiano, 4 nonas Augusti, regnante Domino Jesu Christo, cum Domino Patre et Spiritu Sancto in secula seculorum. Amen.* (Vie manuscrite de saint Auspice, composée vers l'an 1580, par Raimond Bot, évêque d'Apt, sur un autre manuscrit du huitième siècle.)

Les personnes qu'Auspice avait initiées à la connaissance du lieu où il avait caché le corps de Sainte Anne, lui ayant ainsi peu survécu par suite de cette première persécution, ce corps précieux demeura caché et inconnu pendant environ sept siècles, jusqu'à ce qu'enfin il plut à la divine Providence de le révéler miraculeusement, comme nous le dirons au chapitre suivant.

♦ ●

CHAPITRE II.

DÉCOUVERTE MIRACULEUSE DU CORPS DE SAINTE ANNE, EN PRÉSENCE DE CHARLEMAGNE. LETTRE DE CE PRINCE AU PAPE ADRIEN I, ET RÉPONSE DU SOUVERAIN PONTIFE.

> Ils creusèrent comme s'ils avaient cherché un trésor ; et quand ils eurent retrouvé son sépulcre, ils furent remplis d'allégresse.
> (JOB. 3.)

La sainte Église d'Apt, pendant les trois premiers siècles de l'ère chrétienne, partagea le sort de l'Église entière, qui, tantôt persécutée et tantôt tranquille, jouissait alternativement du bienfait de la paix, ou gémissait sous le fer des persécuteurs et dans l'obscurité des catacombes, selon que le sceptre de l'empire était tenu par la main d'un Titus ou par celle d'un Néron. Enfin, avec le quatrième siècle arriva pour elle une ère de gloire, alors que la religion du Calvaire se fut assise avec le grand Constantin sur le trône des Césars.... Mais, hélas ! cette ère fortunée ne fut point pour elle d'une bien longue

durée, car les incursions des Barbares étant
bientôt venues à sa suite, le cinquième et le
sixième siècles devinrent encore pour Apt des
siècles de deuil. Successivement ruinée par ces
hordes sauvages, qui se disputaient la Provence, cette cité vit ses temples renversés, ses
maisons abattues, et son peuple périr sous le
fer du Barbare, ou contraint d'aller chercher
un refuge sur une terre lointaine. La chaîne de
ses pontifes, qui avait commencé à St Auspice
et qui comptait déjà une longue suite de saints,
parmi lesquels brillaient Saint Clair, Saint
Quentin, Saint Castor, fut interrompue. Le
pasteur en effet ne devenait-il pas inutile
dans un bercail où il ne restait presque plus
de brebis? C'est à ces temps malheureux que
se rapporte la lacune immense que l'on re-
marque généralement dans la liste chronolo-
gique des évêques, dans tous les siéges de
Provence.

A peine Apt commençait-elle à sortir de
ses ruines que les Sarrasins, peuple féroce
venu du fond de l'Espagne, se jetèrent à leur
tour sur la Provence, et vinrent achever de
démolir ce que le fer des Saxons et des Lombards avait épargné. Ces nouvelles scènes
d'horreur arrivèrent entre les années 725 et

730. « On voit dans les Gaules » (dit le procès-
verbal de l'invention du corps de Saint Auspice, écrit vers le milieu du VIII siècle),
« quelques villes qui ont tellement souffert
« de la cruauté des Barbares, qu'il est
« absolument impossible de les réparer. »
« Celle dont je veux parler et que nous
« avons sous les yeux, en fournit un exem-
« ple bien déplorable. Cette ville, qui mérita
« de porter le nom d'Apt, à cause des édifi-
« ces remarquables dont elle était embellie,
« témoigne, par la destruction de ses murail-
« les et les amas de ruines qu'on y ren-
« contre à tous pas, qu'elle a souffert des
« maux presqu'irréparables. Le renversement
« des églises et l'oubli des saints fondateurs
« de la religion, ont été la suite de ces désor-
« dres jusque là que depuis on a longtemps
« ignoré l'endroit où se trouve le sépulcre du
« Martyr St Auspice, son premier évêque. (1) »

Eudes, duc d'Aquitaine, et Charles Martel
volèrent successivement au secours de la
Provence, et remportèrent sur ses barbares op-
presseurs de prodigieux avantages. Mais les
Sarrasins, souvent vaincus et jamais abattus,
ne cessaient un moment leurs brigandages,

(1) Boze, Hist. d'Apt, page 104.

que pour reparaître, quelque temps après, avec plus d'acharnement et de fureur.

Cependant l'avénement de Charlemagne au trône de France sembla les frapper de stupeur, et les obligea à suspendre pour plusieurs années leurs déprédations sacriléges. Aussi vit-on la religion chrétienne refleurir sous l'égide protectrice de ce monarque, dès le commencement même de son règne. Par ses soins, un très-grand nombre d'églises que le fer infidèle avait démolies, furent réédifiées et pourvues de nouveaux pasteurs. Au nombre des provinces qui avaient le plus souffert des incursions sarrasines, étaient la Provence et le Languedoc ; ce furent aussi ces provinces qui eurent la plus large part à sa royale munificence. Plus de vingt églises, dans le midi des Gaules, lui font honneur de leur fondation ou de leur restauration, et celle d'Apt a la gloire d'être du nombre. (1)

L'histoire rapporte que Charlemagne, au retour d'une expédition dans nos contrées, se trouvant à Apt vers les fêtes de Pâques, s'em-

(1) Les traditions des Églises d'Avignon, d'Embrun, de Digne, de Senez, de Glandèves, de Vence, de Sisteron, etc., etc. attribuent à Charlemagne la fondation ou la réédification de leur cathédrale.

pressa de faire réconcilier la cathédrale pro-
fanée par les Barbares, et que, pendant la cérémonie de sa nouvelle consécration, il plut à
Dieu de récompenser le zèle et la foi de ce
pieux monarque, par la découverte miraculeuse du corps de la glorieuse Sainte Anne.

Nos annales racontent que, pendant la célé-
bration des divins mystères, à laquelle assis-
tait le Roi, entouré des grands de sa cour et
d'un concours innombrable de peuple, un
jeune gentilhomme, nommé Jean, aveugle,
sourd et muet de naissance, âgé d'environ qua-
torze ans, fils du baron de Caseneuve, frappé
soudain comme d'un étonnement secret, semble écouter avec attention un avertissement
céleste. Bientôt, reprenant ses sens, il commence par faire signe des pieds et des mains
à ceux qui l'entouraient, de creuser sur les degrés du sanctuaire où il se trouve. Le peuple,
étonné du spectacle, et le prince, présageant
quelque prodige, ordonnent d'obéir aux désirs
du jeune homme. A l'instant, on se met à
l'œuvre, et aux premiers coups frappés sur le
sol, on entend un retentissement souterrain.
Les ouvriers travaillent avec courage, et au
bout de quelques moments, ils arrivent à une
chapelle inconnue, où autrefois le bienheu-

reux Auspice, l'Apôtre de la cité, avait coutume de célébrer les saints mystères durant la
persécution, et de rompre à son peuple le
pain de la sainte parole. Le jeune homme pénètre lui-même dans le sanctuaire souterrain,
et marchant le premier, il fait signe de
creuser encore plus profondément vers un
mur qu'il désigne. Tout à coup, ô merveille ! un rayon de lumière, s'échappant
soudain d'une ouverture que l'on vient de faire à une crypte inférieure, environne tous les
assistants de son brillant reflet. On pénètre
alors plus avant dans ce nouveau souterrain, et
l'on découvre ensuite avec admiration une
lampe allumée devant une sorte d'enfoncement pratiqué dans l'épaisseur d'un mur (1).
Au même instant, le clergé, le roi et les grands
de sa suite, se précipitent avec transport vers
cette clarté merveilleuse. Dans ce moment,
Dieu ouvrant miraculeusement les yeux et les
oreilles du jeune homme et déliant sa langue,
il s'écrie, avec l'empressement de la joie la

(1) La tradition de l'Église d'Apt assure que cette
lampe avait été allumée devant les saintes reliques de
Sainte Anne par saint Auspice, lorsqu'il les cacha en
ce lieu, et qu'elle ne s'éteignit que le jour où elles
furent découvertes.

plus vive : *Dans cet enfoncement-là se trouve le corps de Sainte Anne, mère de la très-Sainte Vierge Marie, Mère de Dieu.* Aussitôt, par l'ordre du prince, on ouvre l'enfoncement, et l'on voit les saintes reliques de Sainte Anne, enfermées dans une châsse de cyprès et enveloppées d'un voile sur lequel on lisait ces mots : *Hic est corpus beatæ Annæ, matris Virginis Mariæ. C'est ici le corps de Sainte Anne, mère de la Vierge Marie.*

Dès qu'on eut ouvert la châsse qui contenait le saint corps, Dieu, pour confirmer le miracle de son invention merveilleuse, permit qu'une odeur suave s'en exhalât à l'instant et embaumât les deux cryptes souterraines. Alors, transportés d'une sainte allégresse, l'évêque d'Apt, le roi, le clergé et le peuple, rendirent tous ensemble mille actions de grâces au Très-Haut, qui avait bien voulu leur découvrir le corps vénérable de la sainte aïeule de Jésus-Christ, et doter leur cité d'une si auguste et si puissante protectrice

Charlemagne ordonna aussitôt de consigner ce prodige dans les annales de la cité, et voulut lui-même en instruire le Souverain Pontife Adrien I par la lettre suivante :

« Charles, Roi des Gaules, au Souverain et
« Romain Pontife Adrien I, »

« Salut. »

« Après avoir entièrement purgé notre
« royaume des restes du paganisme (1), nous
« nous sommes arrêté, en venant d'Aqui-
« taine (2), avec Gérard, duc de Bourgogne,
« dans la ville d'Arles, où ayant remercié
« Dieu de nos victoires, durant ces fêtes de

(1) Charlemagne dompta les Saxons idolâtres en 772,
prit et détruisit le château d'Eresbourg, où était leur
plus fameux temple, dédié à leur grande divinité,
appelée Irmensul.

(*Scipion Dupleix, Hist. générale de France.*)

(2) Le voyage de Charlemagne en Aquitaine, men-
tionné dans cette lettre, est peut-être le même dont
il est parlé dans un manuscrit attribué à Ardon, disciple de saint Benoît d'Aniane et contemporain de ce
prince. Voici le texte : *Nam cum patricius Romanorum
et Rex Francorum Carolus, per Gallias ad honorem Dei
templa et admiranda ædificia passim constitueret, quodam insigne in Christi Salvatoris nomine constituit quod
sui stemmatis veternosa congeries mortalibus adhuc pan-
dit.* (Ces mots *quodam insigne* se rapportent à l'église
du monastère d'Aniane). Puis l'auteur continue : *Post
cujus constitutionem de Narbonensis urbis obsidione re-
means, in qua Angaricam gentem expulerat, ibi,* etc., etc.

(*De sermone Ardonis apud D. Luc. d'Achery Acta sanct.
ord. S. Benedict. secul. IV, part. 1.*)

« Pâques dernières , nous sommes ensuite re-
« tourné au pays de Narbonne , où nous
« avions déjà jeté les fondements de quel-
« ques églises , et laissé des prédicateurs pour
« instruire le peuple chrétien. De là nous
« étant rendu à Digne , nous avons ordonné
« d'en élever une en l'honneur de Notre-Da-
« me ; puis venant à l'antique cité d'Apt , le
« sieur Baron de Caseneuve, qui s'était saisi en
« Gascogne de Hunaud , comte de Proven-
« ce (1) , nous a donné sa maison pour logis.
« Durant le séjour que nous y avons fait ,
« pour reconnaître les dégâts des barbares
« idolâtres , nous avons fait reconsacrer l'é-
« glise par Turpin , notre confesseur , et
« pendant que la cérémonie du service divin
« se faisait , nous aperçûmes le fils de notre
« hôte bien-aimé frappant continuellement

(1) Hunaud, duc d'Aquitaine et comte de Provence,
s'étant révolté contre Charlemagne , celui-ci lui dé-
clara la guerre et le vainquit en 769. Après sa défaite,
Hunaud se retira chez Loup , duc de Gascogne ; mais
Charlemagne ayant impérieusement exigé de Loup
qu'il lui livrât son ennemi, Hunaud fut fait prisonnier.

(*Moreri , Dict. hist.*)

Ce fut sans doute le baron de Caseneuve, dont
il est ici question dans la lettre , qui fut chargé par
Charlemagne de se faire livrer Hunaud.

« avec une baguette une levée de degrés qui
« vont au maître-autel, et en donner de si
« rudes coups que l'office divin en était
« troublé, sans qu'il fût au pouvoir de nos
« gardes ni des autres officiers de notre cour
« d'empêcher ce jeune homme. Au contraire,
« tout aveugle, sourd et muet qu'il était, il
« persistait toujours à frapper, tellement
« que nous fûmes contraints de faire enlever
« à l'heure même les marches de cette mon-
« tée, et aussitôt une porte formée de grosses
« pierres, que l'on découvrit, nous fit présa-
« ger quelque chose de remarquable. »

« Les ouvriers ayant ouvert cette porte
« à coups de marteaux, nous vîmes une en-
« trée et une descente de degrés qui nous
« conduisit dans une grotte souterraine artis-
« tement travaillée, dans laquelle il y a un
« autel soutenu d'une pierre antique, où
« sont inscrits les noms de ceux qui, du temps
« des Césars, gouvernaient Apta Julia, l'une
« de leurs colonies, et autour de l'autel
« étaient rangés douze sépulcres. (1) Ce muet

(1) Voir au Chapitre VI la description de cet autel.
D'après nos histoires, la chapelle souterraine actuelle
aurait été reconstruite sous l'évêque Alphant, vers le
XIe siècle. Elle ne contient aujourd'hui que six tom-

« était si actif que , nonobstant sa cécité , il
« devançait toujours les autres , tellement que
« nous fûmes obligés de le faire tenir près de
« nous pour qu'il ne fût pas foulé aux pieds
« des curieux courtisans. Le jeune homme
« faisait toujours signe de creuser plus avant.
« Nous descendîmes enfin dans une fosse lon-
« gue et étroite, où nous aperçûmes une lu-
« mière qui s'éteignit aussitôt qu'elle eut pris
« l'air. Et sur-le-champ, chose admirable !
« nous entendîmes ce noble sourd et muet
« s'écrier : *Ici est le corps de Sainte Anne ,
« mère de la pure et immaculée Vierge Ma-
« rie.* A l'instant , nous sentîmes une odeur
« semblable à celle du baume, et nous vîmes,
« dans une armoire enfoncée , une caisse de
« cyprès dans laquelle était le saint corps.
« Notredit confesseur , l'ayant prise, la mit
« entre nos bras pour nous la faire baiser en
« signe de joie et de consolation. Et après
« que nous eûmes satisfait notre dévotion ,
« nous avons expédié ces lettres à Votre Sain-
« teté. »

Le Souverain Pontife, Adrien I , répondit

beaux. Il paraît que sous son ancienne forme et à l'é-
poque de l'invention du corps de Sainte Anne, elle
en contenait douze.

en ces termes à la lettre du roi Charlemagne. (1)

« Adrien premier, par la grâce de Dieu
« Pape, à Charlemagne, roi très-chrétien et
« premier fils de la sainte Église. »

« Gloire éternelle soit rendue à Dieu, et le
« plus grand honneur à vous, Sire, pour avoir
« remporté une si éclatante victoire et triomphé
« d'un peuple ennemi de la chrétienté, mais
« plus encore pour l'inestimable faveur que No-
« tre-Seigneur, dans son infinie bonté, vous a

(1) Cette lettre de Charlemagne et la réponse du
Souverain Pontife, ont été extraites de l'ouvrage de
Pierre Legrand, qui les avait lui-même traduites
sur l'original latin. Cet auteur, aussi pieux qu'éclairé,
publia son ouvrage en 1605, sous l'épiscopat de
Pompée Pérille, évêque d'Apt, sur la fin du règne de
Henri IV et au commencement de ce dix-septième
siècle, si fécond en lumières, en grands hommes et
en grands événements. La véracité de ses paroles sur
l'authenticité de ces deux lettres, ne saurait donc rai-
sonnablement être mise en doute, quand surtout il
invite les savants de son temps à venir s'assurer, par
leurs propres yeux, de la sincérité et de la vérité de ce
qu'il avance. Voici ses paroles : « Et parce que l'on
pourroit facilement objecter, les magistrats et consuls
du lieu où ce miracle a esté fait, nous ferons voir à
l'œil la missive que le roi escrivit à Adrian, et la ré-
ponce que ce saint Père en fei à Charlemaigne. » (Legrand, *Sépulcre de Madame Sainte Anne.*)

« faite en vous rendant présent à la merveilleu-
« se invention de la bienheureuse Sainte Anne,
« mère de la glorieuse Vierge Marie, et témoin
« de l'étonnant miracle qui s'est opéré dans la
« personne de ce gentilhomme de Caseneuve. »

  « Nous recommandons que ces saintes reli-
« ques soient conservées avec la vénération qui
« leur est due, et à vous-même, d'être toujours
« rempli de zèle, le tout à l'honneur de sa divi-
« ne Majesté et pour l'édification de notre peu-
« ple. »

CHAPITRE III.

DÉVOTION DES PEUPLES A SAINTE ANNE D'APT ;
PROGRÈS DE CETTE DÉVOTION ; BULLES DES
SOUVERAINS PONTIFES QUI LA FAVORISENT.

> La joie et l'allégresse se trouveront
> dans Sion ; on y fera retentir les
> actions de grâces et les cantiques de
> louanges.
>
> (ISAÏE, 51, v. 3.)

La joie que répandit au sein de la population aptésienne la miraculeuse découverte du corps de Sainte Anne, dut sans doute faire naître, dans le cœur de tous ceux qui en avaient été les témoins, des sentiments de reconnaissance pour le ciel, et de tendre dévotion envers une si puissante protectrice. Aussi voyons-nous par l'histoire (1) que Charlemagne devint lui-même, depuis cette époque, un des serviteurs les plus dévoués au culte de la bienheureuse Sainte Anne. Il fit ajouter aux litanies que l'on chantait dans sa propre chapelle son nom glorieux, et enrichit plusieurs

(1) Remerville, Hist. de l'Église d'Apt, liv. VIII.

églises de quelques portions de ses précieuses reliques. (1)

La sainte Église d'Apt, au milieu de laquelle s'était opérée une si admirable découverte, et qui avait eu le bonheur d'être spectatrice de toutes les merveilles qui l'avaient accompagnée, conserva toujours pour les saintes reliques de l'auguste aïeule de Jésus-Christ, la plus profonde vénération. Et bien que, dans ces temps éloignés, la coutume de l'Église catholique ne fût pas encore de rendre aux saints dont la vie avait précédé la venue du Fils de Dieu, le culte qu'on rendait à ceux de la loi nouvelle, le corps de Sainte Anne, laissé dans la crypte souterraine où il avait été trouvé, n'y resta cependant jamais sans honneur.

Dès le treizième siècle, le culte de notre Sainte, jusque là presqu'entièrement concentré dans l'intérieur de la basilique aptésienne, prit une nouvelle extension. En 1252, les Évêques de la Provence employèrent des reliques de Sainte Anne, de Saint Lazare et de Sainte Magdeleine, à la consécration d'un autel de

(1) Compegius, historien de l'abbaye de l'Ile-Barbe, près de Lyon, assure que ce prince donna aux religieux la portion de la tête de Sainte Anne, qu'on y honorait.

l'église de la Chartreuse de Montrieu. (1) Quatre ans plus tard , c'est-à-dire en 1256, Per-
rin Ollier de Paris, en suite d'une grâce si-
gnalée qu'il avait obtenue du ciel par l'intercession de Sainte Anne , envoya à Apt ,
auprès de ses précieuses reliques , son fils Raymond Ollier (2), avec mission de fonder une
chapelle dans la cathédrale en l'honneur de
l'auguste mère de Marie. Son zèle pieux ne se
borna pas là : il légua encore, par son testament
de l'an 1264, une somme considérable au chapitre d'Apt et aux reliques de Sainte Anne,
pour lesquelles , dit-il, il avait toujours eu
une singulière dévotion. Déjà les livres lithur-
giques de cette époque mentionnent , au 26
juillet, la fête de la glorieuse Sainte Anne ,
pendant que le nom même de cette Sainte
était à peine connu dans l'univers chrétien. (3)

(1) De Belzunce, Histoire de l'Église de Marseille ,
page 42, tome 1.

(2) Ce Raymond Ollier , s'étant depuis fixé à Apt ,
devint la souche d'une ancienne famille de ce nom ,
qui possédait encore, au commencement du XVIIIe siècle, l'usage de cette chapelle.

(3) Du temps de saint Bernard, la fête de Sainte
Anne n'était pas encore établie dans l'Église universelle. *Quid* (dit ce saint Docteur aux chanoines de

La dévotion à Sainte Anne d'Apt s'accrut tellement au commencement du siècle suivant, et porta les fidèles à lui faire tant de dons et de pieuses offrandes, qu'en 1338, le pape Benoit XII se crut obligé de régler, par une bulle expresse, l'ordre que l'Évêque et le chapitre devraient tenir dans l'emploi qui en serait fait. Les immunités accordées à l'église d'Apt par Innocent VI en faveur de *Madame Sainte Anne* (comme on l'appelait dans ces siècles de foi), ne contribuèrent pas peu à entretenir la dévotion des fidèles. Mais ce qui y mit ensuite le comble, ce fut l'heureuse expérience que firent de la protection de Sainte Anne quelques personnes d'Apt, pendant l'épidémie qui, sous l'épiscopat de Raymond IV, vers 1365, ravagea la ville, sans que l'art médical pût en deviner la cause ni en arrêter les progrès. Ces personnes s'étant recommandées à la sainte aïeule de Jésus-Christ, ressentirent visiblement les merveilleux effets de

Lyon), *si alius propter eamdem causam etiam utrique parenti ejus (Mariæ), festos honores asserat deferendos. (S. Bernardus, ad canon. Lugd. Epist. 174.)* La fête de Sainte Anne n'a été établie canoniquement dans l'Église universelle qu'en 1584, par le Pape Grégoire XIII.

sa puissante intercession. Il n'en fallut pas davantage pour déterminer les autres personnes atteintes du même mal, à recourir au même remède. Un prompt soulagement fut aussi pour elles la récompense de leur foi confiante, et la piété des Aptésiens pour leur sainte patronne ne connut bientôt plus de bornes. Dès lors, dans toutes les calamités , Sainte Anne devint la ressource des affligés et la sauvegarde la plus assurée de nos pères. Si la peste faisait ressentir ses affreux ravages, le peuple d'Apt s'adressait avec confiance à Sainte Anne , et l'auguste mère de Marie étendait aussitôt le manteau de sa puissante protection sur la cité qui avait le bonheur d'être la gardienne de ses mortelles dépouilles. C'est ainsi qu'en 1373, en suite d'un vœu solennel que les magistrats firent à la glorieuse Sainte Anne , la ville d'Apt se vit heureusement délivrée de ce cruel fléau qui ravageait le midi de la France.

Le bruit des merveilles que le ciel se plaisait à opérer sur tous ceux qui venaient prier au saint tombeau de l'aïeule de Jésus-Christ, s'étant répandu dans toute la Provence et le Languedoc , on vit bientôt accourir de toutes parts dans nos murs une foule immense de pieux pèlerins. L'Évêque d'Apt Raymond Bot, à la vue de tant d'étrangers qui affluaient auprès du tombeau de Sainte Anne, résolut, de concert avec son chapitre, de tirer ces précieuses reliques de la grotte souterraine où elles reposaient depuis tant de siècles, et de les placer plus honorablement dans une chapelle haute, qu'il dédia à la sainte patronne des Aptésiens. La cérémonie de cette translation se fit avec la plus grande pompe. Dès cette époque, la glorieuse mère de Marie fut solennellement prise pour patronne principale, après la Sainte Vierge, de la ville et de l'église d'Apt.

A mesure que le concours des pieux fidèles devenait de jour en jour plus grand, et que le nom glorieux de Sainte Anne d'Apt volait jusqu'aux provinces les plus reculées de France, Jean Fillety, Évêque d'Apt, obtint du pape Benoit XIII, alors reconnu par toute la province pour le légitime possesseur du trône de Saint Pierre, une bulle datée de l'abbaye de Saint Victor de Marseille de l'an 1404, par laquelle ce Pontife confirme, non-seulement la dévotion qu'on rendait aux reliques de Sainte Anne, mais déclare encore en termes formels que son corps sacré avait reposé, de-

puis plusieurs siècles, dans une grotte souterraine au-dessous du maître-autel (1).

Le zèle de Jean Fillety ne se borna pas là : le 4
novembre de l'année 1407, il adressa à tous les
fidèles de son diocèse une lettre pastorale pour
les inviter à contribuer de leurs aumônes aux
frais d'un buste en argent, dans lequel il avait
dessein d'enfermer le crâne de Sainte Anne.
Lorsque ce buste fut fini , cet évêque le bénit
solennellement, et y enferma une portion du
crâne, ainsi que quatre dents de la mâchoire
supérieure, seules reliques qui nous restent
encore de la tête de notre sainte patronne.

Les Souverains Pontifes cités jusqu'ici ne
sont pas les seuls qui se soient distingués par
leur tendre dévotion envers la glorieuse Sainte Anne : Sixte IV et Jules II accordèrent au
chapitre la permission de faire l'office de la
translation du corps de Sainte Anne , sous le
rit double de première classe , et la grande
solennité du 26 juillet, qui se célébrait de
toute ancienneté dans l'Église d'Apt, commença de se célébrer dès lors avec octave.
Dans les litanies on introduisit l'usage de

(1) *Corpus Sanctœ Annœ, gloriosœ Virginis matris,
Aptœ a multis temporibus, in quodam oratorio seu crypta
sub magno altari ecclesiœ requiescit.*

2*

répéter trois fois son auguste nom , en ces termes : *Sancta Anna, ora pro nobis. Sancta Anna, ora pro nobis. Sancta Anna , intercede pro nobis.* (1) Alexandre VI donna, en 1494, un bref par lequel il excommunie tous ceux qui abuseraient des offrandes faites à Sainte Anne, et accorda une indulgence très-grande à ceux qui réciteraient avec dévotion l'oraison : *Ave, gratia plena* (2), qu'il composa lui-même en l'honneur de la très-sainte Vierge et de Sainte Anne, sa mère.

Clément VII donna, à la prière de César Trivulce, évêque d'Apt, une bulle par laquelle il accorda un jubilé de cinq ans à tous ceux qui, confessés et repentants, prieront au jour de la grande solennité de Sainte Anne, depuis les premières vêpres jusqu'aux secondes, pour la conservation et la paix de la sainte Église romaine. Cette bulle est datée de Marseille le 30 d'octobre 1533. Ce même évêque obtint encore, en 1540, du Souverain Pontife Paul III de nouvelles faveurs spirituelles. Clément VIII voulut aussi, en l'année 1601, favoriser le pieux élan des populations pour le pèlerinage de Sainte Anne, en accordant une indulgence de

(1) Remerville. Hist. de l'Église d'Apt , liv. VIII.
(2) Voir à la fin du volume.

dix ans à tous ceux qui visiteraient dévotement ses saintes reliques, le jour où l'Église
d'Apt célèbre la fête de leur miraculeuse invention.

Les Souverains Pontifes ne furent pas les
seuls à ouvrir les trésors de l'Église en faveur
des fidèles qui visiteraient les précieuses reliques de Sainte Anne : les cardinaux s'empressèrent également de favoriser de tout leur pouvoir cette dévotion. Le premier de tous men-
tionné dans l'histoire, l'illustre Philippe de
Cabassole, qui avait été chanoine d'Apt avant
1334, et qui devint ensuite évêque de Ca-
vaillon, patriarche de Jérusalem, cardinal lé-
gat *a latere* du Pape Urbain V et premier mi-
nistre de Robert, roi de Jérusalem et de Naples, était si rempli de dévotion envers la glorieuse Sainte Anne, qu'étant à Rome sur le
point de mourir, il légua, dans son testament, une partie de ses ornements pontifi-
caux à l'Église d'Apt. L'on voyait encore, avant
la grande révolution, son chapeau de cardinal suspendu à la coupole de Sainte Anne à
côté de celui du cardinal Anglicus, évêque
d'Avignon, puis d'Albano et frère d'Urbain V.

Les cardinaux prêtres Roderic, évêque de
Portes, Julien, évêque d'Ostie, Jean, du titre

de Saint Marcel , Jérôme, du titre de Saint Grégoire, et les cardinaux diacres , Raphaël, du titre de Saint Georges, et Jean, du titre de Sainte Marie , chefs du Sacré Collége , accordèrent aussi diverses indulgences à ceux qui visiteraient avec dévotion la chapelle de Sainte Anne. Leur bulle donnée à Rome est datée du 20 décembre de l'an 1486, sous le pontificat du Pape Innocent VIII.

Le cardinal Raymond de Saint Vital, visitant les reliques de Sainte Anne en 1498, donna également diverses indulgences aux personnes qui contribueraient de leurs aumônes à la décoration de sa sainte chapelle, et qui la visiteraient avec dévotion le jour de la fête de la Sainte, à toutes celles de la très-sainte Vierge et à celle de Saint Jean-Baptiste. La bulle de ces indulgences est datée d'Apt, le deux du mois de décembre, sous le pontificat d'Alexandre VI. Enfin le cardinal de Conti, étant venu célébrer la messe à l'autel de Sainte Anne le 18 décembre 1604, promit d'obtenir de nouvelles indulgences du Souverain Pontife Clément VIII. Ce cardinal possédait un pied de Sainte Anne dans son église cathédrale d'Ancône. (1)

(1) Legrand, *Sépulcre de Sainte Anne.*

CHAPITRE IV.

FERVEUR DE LA DÉVOTION DES FIDÈLES AUX SA-
CRÉES RELIQUES DE LA GLORIEUSE SAINTE ANNE
D'APT. PÈLERINAGES ET PROCESSIONS DES PAYS
DE PROVENCE. LA REINE ANNE D'AUTRICHE DE-
MANDE ET OBTIENT UNE PORTION DES RELIQUES
DE SAINTE ANNE. VŒU QU'ELLE FAIT. SON PÈLE-
RINAGE A SAINTE ANNE D'APT.

> Une grande multitude accourait
> des villes voisines , apportant leurs
> malades, qui tous s'en retournaient
> guéris.
>
> (ACT. 5. v. 16.)

Nous voici maintenant arrivés à l'époque
où la dévotion aux reliques de Sainte Anne
d'Apt était, pour ainsi dire, parvenue à son
apogée. L'empressement des Souverains Pontifes à l'enrichir de précieuses indulgences ,
l'exemple des grands dignitaires de l'Église ,
qui, pour satisfaire leur tendre piété envers la
mère auguste de Marie , ne dédaignaient pas
de se confondre dans la foule des fidèles
croyants, et plus encore les faveurs signalées
et les miracles sans nombre que Dieu se plaisait à accorder à la foi des pieux pèlerins , en
augmentaient chaque année le nombre.

3

Cette dévotion, cette confiance des peuples méridionaux à Sainte Anne d'Apt, était déjà si grande vers le milieu du seizième siècle, que les ennemis du catholicisme semblaient eux-mêmes ne pouvoir s'empêcher d'en ressentir les salutaires atteintes. En effet, l'histoire rapporte qu'au retour du siége d'Apt en 1562, les protestants qui combattaient sous les enseignes du baron des Adrets, s'écriaient en passant à Châteauneuf-de-Gadagne et à Caumont : « Il fault nécessairement croire que « Saincte Anne ha faict miracle, car tous les « coups que nostre artillerie ha tirés contre « les murailles d'Apt, sont estés vains et de « nulle force; et jamais plus homme ne mi- « nistre ne nous fairont croire le contraire ; « et nous fault retirer de cette façon de vi- « vre et laisser ces armes. » (1) Que ce simple aveu est éloquent dans des bouches ennemies de notre sainte foi et du culte des saints ! Oui, le grand nom de Sainte Anne semblait, même aux yeux de ses ennemis, une égide puis-

(1) Perrusis, *Discours des guerres*, etc. *Édition d'Avignon*, 1563, in-4°, page 87. Durant ce siége, les canons des Calvinistes tirèrent pendant plus de 5 jours contre les remparts de la ville sans pouvoir faire brèche. (*Boze, Hist. d'Apt.*)

sante pour la ville qui avait le bonheur insigne
de posséder ses saintes reliques : Apt, environ-
né de la glorieuse auréole de son auguste patronne, parut inexpugnable !....

La dévotion à Sainte Anne d'Apt n'était
pas seulement la dévotion du clergé et des sim-
ples fidèles, mais les personnes mêmes les
plus distinguées de la province, et qui tenaient
les rangs les plus élevés dans le monde, s'empressaient aussi de la partager. En 1617, le
marquis de Malatesta fit présent à Sainte Anne
d'une belle châsse en argent pour y renfermer
ses précieuses reliques. Les armoiries du dona-
teur y furent gravées sur le devant avec une
inscription en mémoire de ce bienfait. Quelques années après, c'est-à-dire en 1633,
Apt vit arriver dans ses murs le maréchal de
Vitry, gouverneur de Provence, Louis de
Bretel, archevêque d'Aix, le Vice-Légat
d'Avignon et les procureurs du pays. Ces
éminents personnages vinrent assister à la fête
de la sainte patronne des Aptésiens, et profi-
ter des grâces spirituelles que les Souverains
Pontifes avaient attachées à la visite de son
auguste sanctuaire. Le maréchal de Vitry fit
présent à la glorieuse Sainte Anne, en cette
occasion, d'une lampe d'or pesant quatre li-

vres, et du plus riche travail. Un peu plus tard (1640), on reçut à Apt deux autres personnages, non moins illustres, Madame la connétable de Lesdiguières et le Vice-Légat du Pape, qui vinrent aussi rendre leurs pieux devoirs à la sainte aïeule de Jésus-Christ.

Louis XIII, étant venu à Avignon dès l'année 1622, s'était proposé de ne point quitter la Provence sans venir faire ses dévotions au tombeau de la glorieuse Sainte Anne, mais des affaires pressantes l'ayant rappelé à Paris avant qu'il eût pu réaliser son pieux dessein, il fit part, à son retour, du projet qu'il avait eu, à la reine Anne d'Autriche, son épouse. Dès lors la reine, ayant conçu le désir de se procurer une relique de sa sainte patronne, écrivit elle-même aux consuls d'Apt une lettre à cet effet par l'entremise de Madame la présidente d'Oppède. Avant d'accéder au pieux désir de la reine, la commune députa vers Sa Majesté François de Vintimille, pour s'assurer de sa bouche royale si elle persistait toujours dans l'intention qu'elle avait manifestée. Sur son affirmation, François de Vintimille, à son retour de Paris, obtint du parlement de Provence la permission de faire ouvrir la châsse de Sainte Anne. L'évêque Jean Pélissier en

tira une petite portion de reliques, en présence d'un commissaire de la cour, des consuls et des officiers royaux. Jean Seignoret,
prévôt du chapitre, et François de Vintimille
furent ensuite chargés d'aller présenter eux-
mêmes cette sainte relique à la reine. Sa
Majesté la reçut avec le plus grand plaisir, et
ayant honoré les députés aptésiens de quelques présents, elle les chargea de remettre
aux consuls d'Apt la lettre suivante, comme
l'expression sincère de sa vive reconnaissance:

« Messieurs, »

« Le soin que vous avez apporté pour l'ac-
« complissement du désir que je vous avois
« témoigné de jouir de quelque portion des
« reliques de Sainte Anne, m'a été si agréa-
« ble que comme la loy de reconnoissance est
« naturelle en moy sur toutes choses; je vous
« ay voulu faire voir, par le retour du sieur
« des Baumettes, votre député, qui me l'a ren-
« due de votre part, le ressentiment que j'en
« ay, qui est tel que je puis vous assurer de
« n'oublier jamais vos bonnes volontés, que
« je représenteray à ma mémoire autant de
« fois que je jetteray les yeux sur ce présent
« d'inestimable valeur, que ma dévotion m'en-
« joint d'avoir perpétuellement sur moy, qui

« ne le perdray point de vue; et s'il se pré-
« sente quelque occasion de vous gratifier, je
« m'y employerai d'aussi bon cœur que je
« prie Dieu qu'il vous ait, Messieurs, en sa
« sainte garde. »

    « Écrit à Paris le 10 Novembre 1623. »
       « Signé : Anne. »

Dès le commencement de cette même année,
Anne d'Autriche, qui soupirait déjà depuis
longtemps après le bonheur de pouvoir donner un fils à la France, avait chargé le même
François de Vintimille, lors de son premier
voyage à Paris, de faire faire des prières à la
glorieuse Sainte Anne d'Apt, pour obtenir du
ciel, par son intercession, une heureuse fé-
condité. De Vintimille obtint du parlement
d'Aix, dès son arrivée en Provence, la déli-
bération suivante en date du 30 mai 1623 :

  « A été résolu d'écrire à l'évêque d'Apt de
« faire des prières et oraisons à Madame Sainte
« Anne, pour la dévotion que la reine a à
« cette sainte Dame, et faire dire tous les
« jours une sainte messe dans la chapelle...,
« et porter aux processions le corps de la
« Dame Sainte Anne, à ce que, par ses prières,
« Sa Majesté puisse bientôt avoir un Dauphin. »

On fit donc à Apt, en suite de cette délibé-

ration, des prières et des processions aux in-
tentions de la reine, et le ciel combla enfin ses
désirs en mettant un terme à sa longue stérilité. (1) Le concours immense des pieux pèlerins qui se rendaient chaque année, de tous
les points de l'Europe, auprès du glorieux
tombeau de Sainte Anne, et plus encore les
grâces abondantes que les Aptésiens ne cessaient de recevoir du ciel par l'entremise de
leur sainte patronne, firent naître au chapitre
et à la ville d'Apt, la généreuse idée d'élever en son honneur une riche chapelle, monument de reconnaissance qui pût porter jusque dans la postérité la plus reculée le témoi-

(1) L'année 1623 est doublement célèbre pour le
culte de la glorieuse mère de Marie, car pendant
que le pèlerinage de Sainte Anne d'Apt excitait le
pieux enthousiasme de la religieuse Provence, sur un
autre point de la France, des apparitions miraculeu-
ses de cette sainte, faites à un homme vertueux appelé
Yves Nicolazic, font sortir de l'oubli, à Keranna, à une
lieue d'Auray et à 3 de Vannes, en Bretagne, une
antique statue de cette sainte, enfouie dans les ruines d'une ancienne chapelle, et les guérisons merveilleuses qui s'y opérèrent dans la suite y attirèrent un
si grand concours de monde de toute la Bretagne,
qu'on y éleva une église magnifique. C'est encore
aujourd'hui un sanctuaire célèbre connu sous le nom
de *Sainte Anne d'Auray*.

gnage de leur piété , et qui fût comme le mémorial de tous les bienfaits dont la sainte mère de Marie les avait comblés, depuis qu'il lui avait plu de confier à leur cité la garde de ses mortelles dépouilles.

En conséquence, on chargea, en l'année 1659, un Révérend Père capucin d'annoncer officiellement, du haut de la chaire, cette nouvelle à la multitude des pieux fidèles, et de les engager à contribuer, chacun selon ses moyens, à l'érection de ce sanctuaire. Ce bon religieux s'acquitta de sa tâche avec tant d'éloquence que les dames, s'arrachant leurs joyaux au milieu même du sermon, en firent généreusement l'offrande en faveur de cette bonne œuvre, et que le lendemain, une seule quête faite dans les rues de la ville produisit une somme de vingt mille livres. Dès cette même année, on commença de jeter les fondements de ce superbe édifice, dont le dessin fut pris sur l'église de Sainte Marie-majeure de Rome, et l'exécution confiée au célèbre Mansard.

L'année d'après, Anne d'Autriche(1), qui avait

(1) Après 22 années de stérilité et de prières, elle avait enfin accouché , le 5 septembre 1638 , d'un premier fils, qui occupa si glorieusement le trône de France sous le nom de Louis XIV.

obtenu, depuis 22 années, le bonheur après lequel elle avait tant soupiré, et dont elle se croyait redevable aux intercessions de la glorieuse Sainte Anne, nourrissait dans son cœur, depuis cette époque, le pieux désir d'accomplir un pèlerinage d'actions de grâces auprès des reliques de sa puissante patronne. Obligée de venir en Provence pour accompagner le roi son fils, lors de son mariage avec l'infante d'Espagne, Marie-Thérèse, elle saisit avec empressement cette occasion favorable, pour satisfaire sa tendre dévotion. Étant donc partie d'Avignon, accompagnée de Mademoiselle d'Orléans et d'une nombreuse escorte, elle arriva à Apt le 27 mars. Les officiers royaux et municipaux, la noblesse et la bourgeoisie à cheval l'ayant reçue à l'entrée du terroir, l'accompagnèrent, à travers une foule immense, dans la ville, où elle entra sous un arc de triomphe, par la porte de la Bouquerie, et la conduisirent jusqu'à la maison des Messieurs des Baumettes, que ses maréchaux de logis avaient préparée d'avance. Le lendemain, Sa Majesté se rendit à l'église cathédrale, où l'évêque Modeste de Villeneuve, l'ayant reçue à la tête de son clergé, célébra la sainte messe en sa présence, et lui présenta, à la fin, les reliques de sa sainte patronne, qu'elle baisa avec le plus grands respect. Après avoir ainsi satisfait sa pieuse dévotion, la reine fit à Sainte Anne quelques présents de grande valeur et bien dignes de la majesté royale. Elle déposa sur l'autel de sa sainte patronne une couronne d'or enrichie de perles et de rubis, une statuette d'or massif qui la représentait, d'environ six pouces de hauteur, et un aigle de même grandeur et de même métal, orné d'éméraudes et de pierres précieuses ; elle établit en outre une fondation de six messes, dont l'acte fut gravé sur une table d'airain, et elle promit la somme de huit mille livres pour l'entier achèvement de la chapelle de Sainte Anne, commencée l'année précédente. (1)

La reine visita les deux grottes souterraines, qu'on avait illuminées, et se rendit ensuite à l'église des Cordeliers pour prier aux nobles tombeaux des deux anges de la Provence, Saint Elzéar et sainte Delphine. Anne d'Autriche partit ensuite le surlendemain de son arrivée pour rejoindre son fils Louis XIV, qui l'attendait à Avignon, laissant les Aptésiens aussi touchés de sa piété que de sa libérale munificence. (2)

(1) Boze, hist. d'Apt.

(2) La dévotion de Sainte Anne était tellement à l'or-

La nouvelle chapelle de Sainte Anne ayant été entièrement terminée vers le milieu de l'année 1664, l'évêque d'Apt, Modeste de Villeneuve, en fit la consécration solennelle le 26 juillet de cette même année, et y transféra avec la plus grande pompe, deux jours après, le corps précieux de la sainte aïeule de Jésus-Christ, ainsi que ceux des autres saints patrons de la ville.

L'exemple des grands de la terre exerce toujours une merveilleuse influence sur l'esprit des populations. Aussi voyons-nous que le pèlerinage de la reine Anne d'Autriche excita si puissamment le zèle et la ferveur des pays de Provence envers la glorieuse Sainte Anne, que, dès cette époque, l'on voit s'organiser de tous côtés de pieuses associations sous le patronage de l'illustre mère de Marie. Si le ciel devenu d'airain refusait à la terre sa douce rosée, ou si l'ange exterminateur, planant sur les populations, promenait de toutes parts son glaive de mort pour exé-

dre du jour dans la cour de Louis XIV, que deux des princesses, ses filles aînées, et plusieurs autres princesses tant de France que des autres royaumes d'Europe, portaient le doux nom d'Anne, qui, dans la langue des livres saints, signifie tout à la fois *gracieuse et compatissante.*

cuter l'arrêt des vengeances célestes, les peuples consternés se ressouvenaient aussitôt de Sainte Anne d'Apt, et s'empressaient de venir auprès de son tombeau solliciter avec ferveur le secours de sa protection puissante.

Au nombre des villes qui se distinguèrent le plus par leur piété et leur tendre dévotion à la bienheureuse Sainte Anne, nous citerons en première ligne celle de Villeneuve-lez-Avignon, qui vint processionnellement à Apt, malgré une distance de douze lieues, pour remercier Sainte Anne d'avoir été délivrée, par son intercession, des ravages affreux de la peste. On lit encore sur le tableau votif représentant cette procession : « La ville de Villenevve-Saint-« André, estant affligée de peste, se vova avx « intercessions de Madame Sainte Anne, le « 25 aovst 1640, dont elle fvt bientôt délivrée. »

« Le vœv a esté rendv dans son église en « ceste ville d'Apt par Messievrs Jacqves « Salcon, Jacqves Fabre et Michel Cadav, « consvls modernes, en procession et corps « de ville, le 24 aovst 1665, en mémoire de « qvoy ils ont laissé ce tableav. » (1)

(1) La dévotion de Villeneuve pour Sainte Anne d'Apt l'a de plus portée à consacrer en son honneur une chapelle dans l'église paroissiale.

Vers la même époque, la petite ville de Sorgues, sur le bord du Rhône, s'engagea solennellement, par vœu, à faire processionnellement, tous les ans, le pèlerinage de Sainte Anne d'Apt. Les pieux habitants de cette paroisse y sont venus jusqu'à la grande révolution. Depuis lors, on se contente de venir à une petite chapelle de Sainte Anne, située sur une colline de la paroisse de Vedène, à une lieue de Sorgues. Arrivée là, la procession se tourne du côté de la cité de Sainte Anne, dont on aperçoit, au levant, à travers les vapeurs blanchâtres qui s'élèvent au-dessus du bassin de Vaucluse, les lointaines collines qui l'environnent, et on y fait toutes les prières que l'on faisait autrefois quand on venait à la chapelle même de Sainte Anne d'Apt. On célèbre ensuite la sainte messe dans le modeste ermitage, et la procession retourne à Sorgues, en chantant les louanges de son antique libératrice.

Le 21 avril de l'année 1613, Apt vit arriver dans le sanctuaire de sa sainte patronne, une députation de la confrérie des pénitents gris de la ville de Beaucaire (à 15 lieues d'Apt), qui s'était engagée par vœu à faire le pèlerinage de la glorieuse Sainte Anne. (1)

En 1661, les pénitents violets de la ville de Manosque, à 8 lieues d'Apt, vinrent processionnellement rendre leurs vœux et leurs pieux hommages à la sainte aïeule de Jésus-Christ. Une députation des pénitents blancs de la Tour-d'Aigues, et des pénitents bleus de la ville de Salon, vinrent également, l'an 1664, déposer leurs vœux et leurs offrandes aux pieds de la sainte patronne des Aptésiens, dans son auguste et royal sanctuaire. (2)

(1) Le tableau votif de cette confrérie se voit encore aujourd'hui dans la sacristie de Sainte Anne. On y lit : D. O. M. *et divæ Annæ sacrum electi ex toto sodalitio supplicantium Bellocarensium sub titulo Christi stygmatum cinericiis vestibus indutorum, ad Beatam Annam Aptensium tutelarem, patronam; pie, peregre et ex voto accedentes, D.D.*

XI KAL. MAIAS CIƆ IƆCXIII.

(2) On lit sur les tableaux votifs de ces confréries, conservés dans la sacristie de Sainte Anne : *Ex voto Fratrum pœnitentium coloris violacei Manuscæ.* 1661.

Les pénitents blancs de la Tour-d'Aigues 1664. — Vœu fait par les Frères pénitents bleus de la ville de Salon, 1664.

CHAPITRE V.

MIRACLES DE SAINTE ANNE D'APT.

> Il sortait de ce (corps précieux)
> une vertu merveilleuse qui gué-
> rissait tous les malades.
> (LUC. 6. v. 19.)

LES miracles sont le langage du ciel, et la voix que Dieu fait entendre aux hommes pour leur faire connaître les mérites de ses glorieux serviteurs. Là où Dieu opère de merveilleux prodiges, dit saint Grégoire, là aussi sont les causes pour lesquelles il les fait. Si nous voulions entreprendre de faire ici l'énumération détaillée de toutes les guérisons merveilleuses que le ciel a opérées à Apt par l'intercession de la glorieuse Sainte Anne, des faveurs si- gnalées obtenues, dans les dangers pressants, par l'invocation seule de son auguste nom, au milieu des mers comme sur la terre, il nous faudrait agrandir ce volume au-delà des bor- nes que nous nous sommes prescrites, ou en faire un volume à part, au lieu d'un chapitre. Pour se faire une idée de la grandeur et de la multiplicité des miracles qui s'y opéraient, il

y a deux siècles, écoutons un auteur (1) du temps nous raconter, dans son vrai, mais naïf langage, ceux dont il a été lui-même l'oculaire témoin : « L'on voit, dit-il, parler les
« démoniacles en telle langue qu'ils sont inter-
« rogés, avec des extorsions de la bouche et
« mouvements de tous leurs membres si es-
« tranges, qu'on ne les peut voir sans grande
« frayeur. Ils y font des cris si esclattants
« qu'il n'y a poil en teste qui ne dresse à ce-
« lui qui s'y trouve... Les patrons de navires
« et autres gens marins de Marseille sçavent
« bien dire si Madame Sainte Anne est à Apt,
« car il n'y a année qu'ils ne luy viennent faire
« offrande, pour l'aide qu'ils ont eûe sur mer
« de ceste Dame, et il n'y a Marseillois, tant
« petit soit-il, qui, à l'exemple de ses père
« et mère, ne soit intérieurement affectionné
« à ceste sainte patronne pour les grands mi-
« racles qu'ils apprennent avoir esté faits à la
« seule invocation de Sainte Anne d'Apt.
« Tant et tant de femmes qui avoient long-
« temps demeuré en mariage sans avoir en-
« fans, vous diront si en vain elles ont visité
« le corps de Sainte Anne à Apt, et imploré
« son aide à ceste fin. Les miracles en ont

(1) Legrand, *Sépulcre de Madame Sainte Anne.*

« esté si fréquens, qu'aujourd'huy vous ne voyez
« que confrairies érigées, voire ez plus petits vil-
» lages de Provence, à la diligence de celles
« qui avoient obtenu de Dieu ce qu'elles avoient
» requis de la sainte femme stérile Anna...»

Mais pourquoi remonter si haut dans l'histoire du passé, pour chercher des preuves
convaincantes des merveilles opérées par le
ciel, à l'intercession de la grande Sainte Anne
d'Apt ? Le pieux pèlerin, pour étayer sa conviction, n'a qu'à jeter un regard sur les murs
qui entourent l'auguste sanctuaire de la sainte
aïeule de J. C., et il y trouvera suspendus,
presqu'à chaque pierre, des témoignages écla-
tants rendus à la gloire de la bienheureuse
mère de Marie. En effet, chacun de ces tableaux votifs est une page éloquente de l'histoire de huit siècles de foi, écrite en caractères parlants, par la main même de la piété
reconnaissante, et montre de la manière la
plus évidente la bonté de la mère de la Reine
du ciel. (1)

(1) Il serait vivement à désirer, pour l'honneur et la
gloire de la grande Sainte Anne, et pour favoriser la dévotion des pieux pèlerins, que les tableaux votifs, au lieu
d'être relégués dans l'obscurité de la sacristie, fussent
placés en évidence à l'entrée même de son auguste

L'un raconte que, « le 19 may 1628, Ma-
« dame Marie Dassinet, travaillée de la mort,
« après avoir mis deux enfants au monde, de-
« meura trois heures morte », et que « son mary,
« M. du Colombier, la vouant à Madame Sainte
« Anne, et faisant dire une grand' messe à sa
« sainte chapelle, lorsque le célébrant éleva le
« Saint-Sacrement, à la consécration, ladite
« Dame feut délivrée et recouvra entièrement la
« santé. » L'autre que « la merveille de Dieu et
« le pouvoir qu'il a donné à la glorieuse Sainte
« Anne, ont visiblement paru en la sortie du
« démon Accaran du corps de Damoiselle Anne
« Dilly de Cadenet, exorcizée par un Père
« Récollet, le 20 febvrier 1638, et qu'en re-
« cognoissance de ceste grâce, elle offre ce ta-
« bleau. » Celui-ci nous annonce qu'en 1642,
« Madame des Baumettes, atteinte d'une mala-
« die incurable qui menaçoit de phthisie, aban-
« donnée de quatre médecins, MM. Giraud et
« Comier, d'Ambr. M. Maumier d'Apt, et

sanctuaire, près de la grille en fer, afin qu'ils fussent,
pour le fidèle Aptésien comme pour l'étranger, autant
de livres ouverts, annonçant chacun dans son muet
mais éloquent langage, que c'est dans cette royale
chapelle que la sainte mère de la divine Marie se plaît
à distribuer ses grâces à ceux qui l'y viennent prier
avec confiance.

« Villeneuve de Vaur , ayant ouy messe feut
« guérie. » Celui-là qu'en « L'an 1653, en may,
« Pierre Papet de la ville de Tarascon, estant
« malade par des fièvres continues, réduit
« sans espoir de santé, fust voué par Marie
« Denty, sa femme, à Sainte Anne, par l'inter-
« cession de laquelle reçut la guérison. Dieu
« en soit loué ! » Ici, c'est le commandeur de
Savoillant qui se voue aux intercessions de la
sainte mère de Marie ; là c'est un autre « vœu
« fait à la glorieuse Sainte Anne, par Noble
« Honoré d'Auteffort, major du fort Saint-
« Salvador, lors du secours de Messine, con-
« duit par Monsieur le Commandeur de Val-
« belle, le 2 janvier 1675. » Partout, en un
mot, se trouvent dessinées des marques saillantes de la protection de Sainte Anne et de
la piété de nos pères. Les villes assiégées par
un ennemi puissant et implacable, le soldat
sur la brèche, et le nautonnier, dans la tem-
pête, luttant au milieu des flots avec la mort,
n'ont jamais réclamé en vain la protection de
la glorieuse Sainte Anne. Nous ne finirions
plus, si nous voulions énumérer ici toutes les
faveurs signalées accordées par son intercess-
sion, depuis plus de six siècles jusqu'à nos
jours. Ce n'est point sans raison que l'Église

catholique, dans les sublimes invocations qu'elle lui adresse, l'appelle *la consolation des époux, le port des navigateurs, le guide des voyageurs, la santé des malades, la lumière des aveugles, la langue des muets, l'oreille des sourds, et la consolation de tous les affligés.* (1) Aïeule auguste de celui qui passa sur la terre en faisant le bien, et mère fortunée de la Mère même des grâces, non jamais aucune langue humaine ne saura dire ni célébrer assez dignement vos innombrables bienfaits.

(1) Invocations tirées des litanies de Sainte Anne.

CHAPITRE VI.

DESCRIPTION DE LA BASILIQUE D'APT, DES CRYPTES
SOUTERRAINES ET DE LA ROYALE CHAPELLE DE
SAINTE ANNE. DÉTAILS SUR LES RICHESSES DE
CETTE CHAPELLE AVANT LA GRANDE RÉVOLU-
TION. ÉPOQUE DE LA RÉVOLUTION. RESTAURATION
DE CETTE CHAPELLE EN 1828. DERNIER INVEN-
TAIRE DES RELIQUES DE SAINTE ANNE. CONCES-
SIONS DE CES SAINTES RELIQUES A DIVERSES
ÉGLISES D'EUROPE.

> Lorsque la sainte Cité jouissait d'une
> paix profonde, les rois mêmes et les
> princes, la considérant comme un
> lieu de la plus grande vénération,
> enrichirent son temple d'inestimables
> présents.
>
> (2 MACH. 3, v. 1 et 2.)

L'ANTIQUE basilique d'Apt, dont la royale
chapelle de Sainte Anne fait partie, fut fondée durant la seconde moitié du troisième
siècle, vers l'an 260, sur les ruines de l'oratoire bâti par saint Auspice. Trois fois démo-
lie, d'abord par les Saxons et les Lombards,
sur la fin du sixième siècle, puis par les
Sarrasins vers 739, pour la dernière fois enfin
par ces mêmes Sarrasins en 859, elle fut en-

suite rebâtie partiellement à des époques considérablement éloignées les unes des autres : c'est de là que lui vient cette diversité de style, qui frappe à la moindre observation. Cependant, vue dans son ensemble, du seuil même de la principale porte d'entrée, cette ancienne cathédrale avec ses trois nefs irrégulières, offre plus d'un caractère de beauté.

Son architecture lourde, mais grandiose et imposante, simple, mais noble et majestueuse tout à la fois ; ses piliers gigantesques par leur dimension et à angles triplement saillants ; son sanctuaire, élevé de cinq degrés au-dessus du sol ; son maître-autel enfin, magnifique par son travail et riche par sa matière, qui, élevé lui-même de quatre marches au-dessus du sanctuaire, s'élance avec grâce sous la hauteur majestueuse d'une coupole colossale, et se dessine sur la profondeur mystérieuse d'un des plus beaux chœurs de France, orné lui-même de neuf tableaux à grande proportion, et d'une belle boiserie à double rang de stalles, produisent dans l'âme du touriste et de l'archéologue une religieuse impression.

La grande nef, à part la voûte à cintre brisé, qui est l'œuvre de l'évêque de Foresta, remonte au onzième siècle. Elle fut reconstruite

l'an 1056, sous l'épiscopat de l'évêque Alphant, qui l'augmenta même d'une manière
considérable, en obtenant de Guillaume et
Rostain d'Algoult, sur les régales, une portion de terrain pour lui donner plus d'éten-
due. Six énormes piliers isolés, trois de chaque côté, prêtent l'appui de leurs chapiteaux
aux retombées de huit grandes arcades à plein
cintre qui soutiennent la voûte. La nef latérale
de droite en entrant, plus basse que les deux
autres, est aussi d'une date beaucoup plus
ancienne : elle faisait partie de la première
église fondée, comme nous l'avons dit plus haut,
vers 260, et n'a jamais été reconstruite. Elle
est d'architecture romane, et n'a pour toute
décoration qu'une corniche antique sur laquelle sont sculptés des feuillages de caprice,
et qui règne dans toute la longueur des côtés,
à la naissance de la voûte. Bâtie par les mains
mêmes des martyrs et des confesseurs, elle
est d'un style simple et solide comme leur
foi, et ses fondements ont été aussi inébran-
lables que leur constance. Elle est terminée
à son extrémité par une chapelle en hémicy-
cle, appelée chapelle du *Corpus Domini*,
parce que c'est là que repose le très-saint
Sacrement. Il est à regretter que les ornements

dont on a, cette année, décoré ce sanctuaire, ne soient pas en harmonie avec l'ancien style de la nef dont elle fait partie.

La nef latérale de gauche n'offre pas les mêmes caractères d'antiquité que les deux autres. Ouvrage du quatorzième siècle, elle fut construite dans le style gothique, aux frais des maisons de Bot et d'Ysoard. Cette nef, au fond de laquelle se trouve l'ancien autel de Sainte Anne, tronquée par le mur contre lequel cet autel est adossé, et qui la sépare d'une vieille chapelle qui sert de vestibule à la sacristie, serait du plus bel effet, si on la prolongeait comme celle de gauche. Cette réparation, qui n'exigerait pas une très-grande dépense, donnerait à l'ensemble de la basilique aptésienne la régularité qui lui manque. Nous espérons qu'un jour notre idée sera comprise, et que la très-sainte Vierge, patronne principale de l'ancienne cathédrale et du diocèse d'Apt, reposera dans un sanctuaire un peu plus digne d'elle et sous une abside semblable à celle de son divin Fils.

Parlons maintenant des cryptes souterraines, vulgairement appelées *Grottes de Sainte Anne*. L'entrée de ces grottes était jadis au milieu de l'escalier qui monte au sanctuaire,

c'est à dire en face même de la grand'porte.
Elle fut fermée, il y a un peu plus d'un siècle,
lorsqu'on agrandit le sanctuaire, et remplacée
par celle que l'on voit aujourd'hui. Il serait
vivement à désirer que l'on redonnât de nos
jours à l'entrée de la chapelle souterraine,
cette forme primitive et antique que nos anciens évêques, jusqu'à M. de Vaccon en 1740,
avaient toujours eu l'heureuse idée de lui con-
server, en réparant la cathédrale. Nous sommes persuadé que la chapelle souterraine,
devenant ainsi d'un accès plus facile, et rendue elle-même au culte de la prière, à certains jours de l'année, ne contribuerait pas
peu à faire refleurir le pèlerinage de notre
sainte patronne, et à ramener parmi nous la
beauté de son culte et la ferveur que lui virent
les anciens jours. (1) L'obscurité silencieuse
des cryptes favorise merveilleusement les dis-
positions de l'âme chrétienne pour la prière. Le
culte catholique n'a-t-il pas lui-même puisé ses
sublimes inspirations dans les profondeurs té-

(1) C'était là le sentiment de M. Arnavon, ancien
curé d'Apt, qui s'était proposé de faire lui-même rou-
vrir cette entrée antique, que les degrés du sanctuaire
ne font que masquer. La mort ne laissa pas le temps
au vénérable pasteur d'accomplir son pieux projet.

nébreuses des catacombes, au sein même des tombeaux ?

La première crypte se compose d'une chapelle et d'un autre enfoncement à gauche, où l'on communique par un étroit corridor, mais qui n'est pas assez remarquable pour être décrit. La chapelle qui occupe tout le dessous du sanctuaire de la cathédrale, serait, d'après quelques historiens, un monument du onzième siècle, bâti sous l'épiscopat de l'évêque Alphant; elle a environ dix mètres de longueur et sept et demi de largeur ; sa forme est ovale, et elle se compose de trois petites nefs, dont la principale, celle du milieu, est un peu plus large, mais moins longue que les deux autres, parce que celles-ci forment autour d'elle une espèce de galerie. La nef du milieu communique avec les deux latérales par quatre grands arceaux, sur le devant, et cinq fenêtres demi-circulaires, élevées d'environ cinquante centimètres au-dessus du sol, qui dessinent autour de l'autel, placé sous l'abside au fond de la nef principale, une sorte de petit sanctuaire. L'autel, remarquable par sa simplicité, n'est formé que de deux pierres, dont l'une, large d'environ 72 centimètres, et longue d'un peu plus d'un mètre, constitue la table et repose sur l'au-

tre, de forme rectangulaire, haute de 85
centimètres et servant de base. Celle-ci, qui
paraît être un tombeau romain fort semblable
à un autre dont nous parlerons bientôt, est
marquée de l'inscription suivante, en grands
caractères romains, renfermée dans un encadrement.

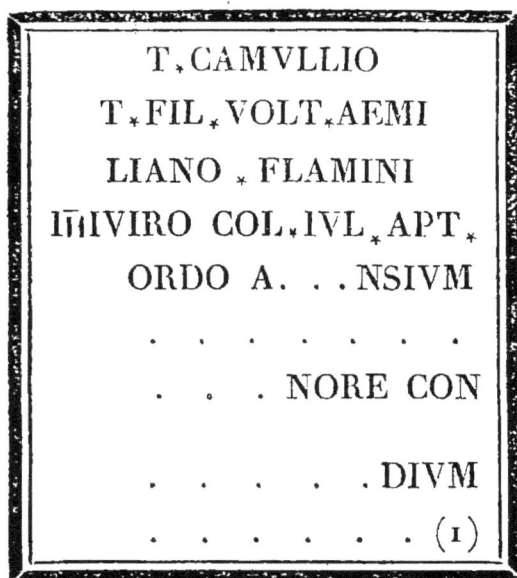

```
        T. CAMVLLIO
       T. FIL. VOLT. AEMI
      LIANO . FLAMINI
     IIIIVIRO COL. IVL. APT.
       ORDO A. . . NSIVM
         . . . . . . .
           . . . NORE CON
         . . . . . DIVM
       . . . . . . . (1)
```

La tradition assure que ce fut sur cette pierre
que saint Auspice eut son pied coupé.

Les deux nefs latérales forment, comme
nous l'avons dit, une sorte de galerie autour
de celle du milieu. Si on parcourt ces nefs
en commençant par celle de droite, on lit, sur

(1) Nous donnons ici cette inscription et la suivante
telles qu'elles se lisent encore aujourd'hui, en rempla-
çant par des points les mots que le temps a effacés.

les piliers des arceaux, ces mots gravés en gros caractères et disséminés sur tout le pourtour extérieur de la nef principale :

ĀHNC CRIPTAM SCĀM SĀG.

Remerville les lit ainsi : *Hanc criptam sanctam sagravit*, pour *sacravit*, et les traduit de cette manière : **** *a consacré cette sainte crypte*.

Le nom de l'évêque consécrateur, qui, comme on le voit, manque à cette inscription, serait *Auspicius*, d'après quelques auteurs. Ainsi, selon eux, cette chapelle aurait été bâtie par saint Auspice, et aurait existé conséquemment plus de mille ans avant l'évêque Alphant, auquel quelques autres auteurs l'attribuent. (1)

(1) L'abbé Boze (*Histoire de l'église d'Apt*), est du nombre de ces derniers.

Nous avons nous-même longuement cherché à découvrir le nom de l'Évêque consécrateur qui doit nécessairement terminer cette inscription. Après plusieurs minutieuses recherches, nous avons cru l'avoir trouvé sur le chapiteau de l'un des quatre piliers qui soutiennent la voûte, celui qui est presqu'entièrement enclavé dans la maçonnerie du côté gauche. Nous avons en effet très-distinctement découvert plusieurs lettres d'un mot, égales, par leur forme et leur grandeur, à celles qui composent l'inscription. Le reste du mot est caché, avec le chapiteau sur lequel il se trouve, dans l'épaisseur d'un mur de soutenement, bâti il y a plusieurs siècles.

Il nous paraît certain que l'évêque Alphant n'aura fait que réparer ou agrandir l'antique chapelle bâtie par saint Auspice. Ce qui nous confirme dans notre opinion, c'est la lettre de Charlemagne, citée au Chapitre II de ce volume, dans laquelle il est formellement parlé de cette chapelle, et de douze tombeaux qu'il y avait dans le huitième siècle, à l'époque de la miraculeuse invention du corps de Sainte Anne, tandis qu'aujourd'hui, on n'y en voit plus que six. Le fond de la chapelle où se trouvent l'autel et ces tombeaux, paraît remonter à une époque plus reculée que la partie antérieure, et offre, par la couleur des pierres et par quelque différence dans l'architecture, des marques saillantes d'une plus haute antiquité.

Ces six tombeaux sont placés trois de chaque côté, à égale distance, dans des niches pratiquées dans l'épaisseur des murs latéraux des petites nefs, à un demi-mètre environ au-dessus du sol. Couverts chacun d'une énorme pierre taillée en dos d'âne, et ornés sur le devant du trèfle gothique, ces tombeaux paraissent remonter aux premiers temps du Christianisme. M. Grossy, prieur de Lioux, rapporte dans ses mémoires que Pompée Pérille, évêque d'Apt, visitant cette grotte avec deux autres évêques, fit ouvrir en leur présence un de ces tombeaux, et qu'ils y trouvèrent un rouleau de parchemin à demi rongé, sur lequel ils lurent ces paroles : *Ossa Sancti Amanruesi Abbatis.* Il est fait mention du saint abbé Amanruesse dans le martyrologe gallican. On croit que ces tombeaux renferment aussi les corps des deux compagnons de saint Auspice, Euphrase et Émilien, de saint Théodoric, martyr, et des saints Largus et Justus, martyrisés par les Goths en haine de Jésus-Christ, selon le même martyrologe.

On voit encore dans cette chapelle, presqu'en face de l'autel, une grande auge de pierre de la grandeur des tombeaux dont nous venons de parler ; elle est marquée, sur l'un des côtés latéraux extérieur, d'un albogare, ou bonnet sacerdotal, et sur l'autre, d'une aiguière, et d'un bâton augural dont le haut est recourbé en forme de crosse épiscopale. Le dessous de l'auge est marqué de l'inscription suivante, en grands caractères, comme la pierre qui supporte l'autel :

```
C. ALLIO  C . FIL.
VOLT * CELERI
IꟼIVIR * FLAM.
AVG.   COL. I.
APT. EX V DEC.
VORDENSES
PA . . . NI
P . . . . O
                    (1)
```

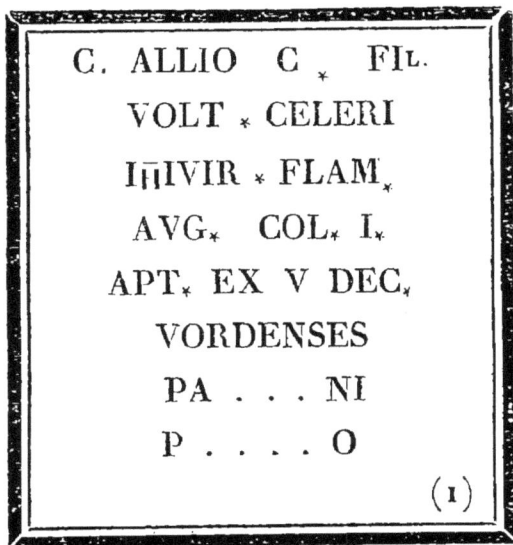

On voit encore, à droite en entrant, dans cette chapelle, un reste d'un ancien aqueduc, que les Romains avaient construit, pour ame-

(1) Cette auge, ainsi que celle qui sert de base à l'autel de la chapelle souterraine, sont deux tombeaux romains. Celui qui soutient l'autel, et dont nous avons déjà donné plus haut la description, fut élevé par l'un des trois ordres des habitants d'Apt, à un prêtre idolâtre, nommé Camullius Emilianus, de la tribu Voltinia, flamine et quartumvir de la colonie d'*Apta Julia.*

Celui-ci fut élevé par les Vordenses ou Gordenses, habitants de Gordes, de la cinquième décurie, à *C. Allius Celer*, de la même tribu que le précédent, quartumvir, flamine et augure de la colonie julienne. Le quartumvir était l'un des quatre magistrats préposés au gouvernement de la colonie.

ner les eaux du vallon de Rocsalière dans l'amphithéâtre.

La chapelle souterraine et l'enfoncement dont nous avons déjà parlé, recevaient autrefois le jour extérieur par deux petites ouvertures que l'on voit encore, et qui furent bouchées en 1709, lorsque le chapitre fit construire le chœur de la cathédrale.

La seconde crypte qu'il nous reste maintenant à décrire, est même au-dessous de la chapelle souterraine dont nous venons de parler. Quoiqu'inférieure de beaucoup à celle-ci par son architecture, elle est infiniment plus vénérable encore par les précieux souvenirs qui s'y rattachent. C'est cette grotte que les anciens titres, antérieurs même au dixième et neuvième siècles, appellent *Sepulcra Sanctorum*, *Antrum antiquum*. C'est là en effet qu'a été retrouvé le corps sacré de Sainte Anne, ainsi que celui de saint Auspice, et où reposent probablement encore plusieurs autres saints martyrs, dont il n'a pas encore plu à la divine Providence de nous révéler les saintes reliques. Cette seconde crypte n'est qu'une sorte de corridor ayant un mètre de largeur, près de deux mètres de hauteur, et dix environ de longueur. On y descend par un double escalier pratiqué dans le mur antérieur de la chapelle souterraine, et qui, partant de chaque côté des nefs latérales, se confond ensuite en un seul, avant d'arriver au seuil de ce sacré sanctuaire.

Arrivé là, le pieux pèlerin sent son respect et son admiration redoubler, quand on lui annonce qu'il n'est plus éloigné que de quelques pas de l'armoire vénérable où a reposé, durant environ treize siècles, le corps auguste de la glorieuse Sainte Anne, la mère même de la très-sainte Vierge. Il avance, le cœur saisi d'une religieuse admiration, et il aperçoit bientôt, à sa droite, dans l'épaisseur du mur, le sacré tabernacle qui a été si longtemps sanctifié par le séjour de la mère de la véritable Arche d'alliance des chrétiens.

Nos légendes assurent que saint Auspice, en cachant les reliques de Sainte Anne en ce lieu, y suspendit une lampe allumée qui continua de brûler miraculeusement jusqu'au moment de leur merveilleuse découverte.

Si « un monument n'est vénérable, au dire « d'un illustre écrivain (1), qu'autant qu'une « longue histoire du passé est pour ainsi dire

(1) Chateaubriand, Génie du Christianisme.

« empreinte sous ses voûtes toutes noires de
« siècles , » de quelle sorte de vénération ce
lieu auguste n'est-il pas digne....?

Une grille en fer épais, mais devenu presque friable en certains endroits à cause de
sa vétusté, servait autrefois et sert encore
aujourd'hui à préserver la glorieuse tombe de
Sainte Anne, de la religieuse indiscrétion des
pèlerins. La vénérable poussière de ce lieu
sacré avait le don surnaturel de guérir les
fidèles croyants des maladies les plus invété-
rées. Dès lors il n'y en avait aucun qui, de
retour du pieux pèlerinage, ne voulût emporter avec lui quelques grains de la pierre ou
de la poussière de ce saint tombeau. Ce fut
donc pour le mettre à l'abri d'une plus grande
détérioration, que le chapitre d'Apt fit appo-
ser, il y a des siècles, cette grille en fer. Déjà,
en effet, deux images sculptées, une de chaque côté de cette armoire vénérable, et représentant probablement saint Euphrase et
saint Émilien, ou SS. Largus et Justus, avaient
disparu peu à peu sous la main du pèlerin de
Sainte Anne.

Cette seconde crypte est couverte, presque
dans toute sa longueur, de larges pierres de
taille ; deux d'entre elles, celles qui avoisi-

nent l'armoire sacrée qui recélait le corps de
la sainte mère de Marie, sont couvertes de
sculptures d'un goût fort ancien. La première,
sous laquelle on passe en arrivant, est bor-
dée de lacs entrelacés en labyrinthe ; d'autres
sculptures feuillagées la divisent en forme de
croix , et dessinent quatre petits rectangles à
surface unie, d'environ trois décimètres de long.
Deux de ces rectangles sont marqués d'une
inscription en caractères romains , gravés à la
main avec un poinçon , après la pose de la
pierre, mais grossièrement exécutés , à cause
de la gêne qu'a dû éprouver la main du gra-
veur. Joseph de Suarès , évêque de Vaison, et
après lui Remerville, ont pensé que les noms
qui y sont marqués étaient ceux des personnes à qui on aurait confié la garde du saint
voile, qui, selon leur opinion , enveloppait
le corps de Sainte Anne. Ces caractères, d'a-
près eux, remonteraient au dixième ou neuvième siècle. Or, le voile auquel ils font al-
lusion n'était point encore à Apt durant ces
temps-là, ainsi que nous aurons bientôt occasion de le prouver dans la description que
nous en ferons. Ces noms, dont quatre se lisent encore facilement , seraient, à notre avis,
ceux des personnes qui, conjointement avec le

glorieux saint Auspice, cachèrent le corps de Saint Anne en ce lieu. (1)

La seconde pierre porte, comme la première, une bordure de lacs entrelacés, mais formant seulement autour d'elle une sorte 'd'encadrement. L'intérieur de la pierre est couvert d'une vigne chargée de pampres et de raisins capricieusement enlacés autour d'une belle branche d'arbre garnie de feuillage. Cette vigne fertile et cette branche ne seraient-elles pas là des emblèmes symboliques de la sainte mère de Marie...? N'aurait-on pas voulu représenter sur cette pierre la vigne fertile du prophète royal, et la tige merveilleuse de Jessé, dont parle Isaïe, sur la fleur de laquelle l'Esprit du Seigneur daigna se reposer..? C'est ce que nous sommes nous-même tenté de croire, et notre croyance nous paraît d'autant mieux fondée que, dans les litanies de Sainte Anne, l'Église catholique se sert elle-même, pour honorer la glorieuse aïeule de Jésus-Christ, de ces belles invocations : *Radix Jesse, Arbor bona, vitis fructifera. Racine de Jessé, arbre fertile, vigne chargée de fruits.*

Quoi qu'il en soit du sens de ces sculptures,

_____

(1) Ces noms sont : AVTVLFVS, ALIF * (pour ALIFANTVS..) ALBOINVS ET BERARDVS.....

il est toujours certain qu'elles n'ont été placées là que pour honorer les précieuses reliques cachées en ce lieu. (1)

Un peu au-dessous de l'armoire où furent trouvées les reliques de Sainte Anne, on voit un autre enfoncement en forme de porte cintrique à demi murée. Cette porte a dû être construite pour conduire à quelqu'autre souterrain non encore exploré. Ce qui nous porte à croire cela, c'est qu'au fond de l'armoire

(1) *Egredietur virga de radice Jesse, et flos de radice ejus ascendet, et requiescet super eum Spiritus Domini.* (*Isaie* XI, *v.* 1.)

Uxor tua sicut vitis abundans in lateribus domus tuæ. (*Ps.* 127, *v.* 3.)

Il paraît que, dans tous les temps, la vigne fertile a été prise, dans l'Église d'Apt, pour le mystérieux symbole de la glorieuse Sainte Anne. Les nombreuses petites colonnes qui décorent son ancien autel, au fond de la nef gauche de la cathédrale, en sont toutes couvertes. Dans l'ornementation de la nouvelle chapelle, la vigne et le raisin apparaissent aussi de tous côtés dans les faisceaux pendants.

On appelle, à Apt, *Raisins de Sainte Anne*, ceux qui, précoces de leur nature, se trouvent mûrs à l'époque de sa fête; et chaque année, la piété des fidèles se plaît à orner son buste, que l'on porte solennellement à la procession, des plus belles grappes, comme pour lui consacrer les prémices de la récolte nouvelle.

5

où fut trouvé le corps de Sainte Anne, l'on
voit un vide prolongé bien au-delà d'une
pierre qui lui sert de paroi. Nos histoires
disent qu'à l'arrivée des Saxons et des
Lombards dans nos contrées, les ecclésias-
tiques cachèrent dans ces grottes souterraines tout ce qu'ils avaient de plus précieux pour le soustraire à l'avidité sacrilége
de leurs ennemis. Nous pensons donc qu'il ne
serait pas hors de propos d'ouvrir cette porte,
et de se livrer à de nouvelles explorations,
sans causer aux cryptes aucune dégradation.

Le souterrain qui se prolonge encore assez
au-delà de ces différents enfoncements, n'offre plus rien de remarquable à l'archéolo-
gie, si ce n'est une autre armoire, du côté gauche, assez semblable, pour sa forme, à celle
où fut trouvé le corps de Sainte Anne. C'est
pourquoi nous passerons, sans nous arrêter
à de plus longs détails, à la description de la
royale chapelle, où reposent actuellement,
avec tous les saints patrons de la ville, depuis
près de deux siècles, les précieuses reliques
de la glorieuse aïeule de Jésus-Christ.

Cette chapelle, bâtie sur le plan de Sainte-
Marie-Majeure de Rome, fut terminée en
1664, et consacrée, le 26 juillet de cette même

année, par l'évêque Modeste, de Villeneuve, ainsi que nous l'avons déjà dit au Chapitre IV. Elle occupe le bas côté de la nef gauche de la basilique aptésienne, et n'est séparée du reste de l'église que par une belle grille en fer à piques dorées, d'environ trois mètres de hauteur. Considérée de quelques pas avant d'arriver à la grille, cet auguste sanctuaire s'offre sous l'aspect le plus grandiose. La régularité de son ensemble, la justesse de ses proportions, l'ordonnance symétrique des principales parties, et l'unité de son style, pur de tout mélange hétérogène, en font un monument d'architecture remarquable, et digne de fixer l'attention des archéologues.

Cette chapelle est de forme octogone, ayant quatre grands côtés et quatre petits. En y entrant, le pèlerin de Saint Anne a en face, sous une voûte enfoncée, le *Proscenium* sacré, où reposent, dans une niche, sous un portique élevé au-dessus du maître-autel, les saintes reliques de l'auguste mère de Marie; à sa gauche, un autel antique en marbre blanc, d'un travail achevé, et dont la riche ornementation, au dire des plus habiles connaisseurs, indique une origine des plus reculées, voisine même des temps apostoliques. C'est là l'an-

cien maître-autel de la cathédrale, et peut-être
le premier qu'elle a eu. La belle Vierge en
marbre blanc qui le décore, quoique ancienne,
n'est là que depuis peu ; elle fut apportée de
l'église des Capucins dans l'église cathédrale,
à l'époque de la suppression de leur couvent.
A sa droite, il aperçoit un tombeau de marbre
noir et blanc, en forme d'autel, au-dessus
duquel se dessine en demi relief un tableau
en stuc représentant saint Elzéar et sainte
Delphine à genoux aux pieds de saint Louis,
qui, d'une main royale, bénit le couple virginal.
C'est le tombeau récent de la famille ducale
de Sabran. Enfin, au-dessus de sa tête s'élève
une coupole immense, soutenue par une sorte
de galerie formée de huit pilastres d'ordre
corinthien, en saillie sur le mur, et dont les
entrecolonnements laissent pénétrer dans la
chapelle les rayons du jour, au moyen de
huit grandes fenêtres rectangulaires. Les pilastres, dont les bases reposent sur une grande
corniche d'appui, sont enchaînés les uns aux
autres par des faisceaux pendants de feuillages
entremêlés de fruits, qui se détachent en relief du haut de leurs chapiteaux, au-dessous
même de l'architrave. Une autre riche corniche couronne la galerie et soutient la cou-

pole, dont les nervures saillantes vont se perdre dans le sein d'une belle rosace habilement
sculptée. Toute la masse de ce gigantesque édifice repose sur quatre grands arcs, dont
l'un sert d'entrée et met la chapelle en communication avec la cathédrale ; les deux latéraux sont occupés par les autels dont nous
avons parlé. Le *Proscenium* sacré et l'autel
de Sainte Anne se trouvent sous le quatrième.
Les quatre grands piliers qui prêtent leur appui aux retombées des arcs, sont chacun percés d'une porte, au-dessus de laquelle est une
niche abritant un des quatre évangélistes,
qui sont presque de grandeur naturelle. Les
pendentifs au-dessus des niches sont couverts
de quatre tableaux magnifiques, représentant
l'histoire de sainte Ursule et de ses onze mille
compagnes.

Revenons au sanctuaire de la chapelle
dont nous n'avons dit qu'un mot. Une belle
balustrade le sépare du reste de la chapelle. Huit colonnes d'ordre corinthien ,
comme les pilastres de la coupole , décorent le
sanctuaire, et forment, quatre de chaque
côté, deux galeries. Ces colonnes, dont les
piédestaux reposent sur un stylobate élevé ,
soutiennent sur leurs brillants chapiteaux l'architrave, la frise élégante , la corniche majes-

tueuse, et toute la riche ornementation de l'ordre auquel elles appartiennent. Le raisin, le citron, la pomme, la grenade, et plusieurs autres fruits, présents de l'automne, sont suspendus en faisceaux pendants, entremêlés de feuillages, et règnent, d'un chapiteau à l'autre, dans tout le pourtour du sanctuaire. La voûte à plein cintre est parsemée de caissons, au fond desquels se trouvent des rosaces en stuc doré.

Les entrecolonnements sont percés, de chaque côté, à la hauteur du piédestal des colonnes, par deux fenêtres entre lesquelles se trouve une porte, fermée à claire-voie, qui met le sanctuaire en communication avec les galeries. Au-dessus de chacune des deux portes, se trouve un tableau qui représente, celui de gauche, le martyre de saint Auspice, celui de droite, la charité de saint Castor. Quatre niches, pratiquées, deux de chaque côté, au-dessus des fenêtres des galeries, prêtent chacune leur abri à un des saints évêques, protecteurs de la ville : ce sont saint Auspice, saint Castor, saint Clair et saint Étienne. Ces deux galeries conduisent l'une et l'autre, par un escalier de plusieurs marches, au puits souterrain qui se trouve même au-dessous de

l'autel de Sainte Anne. Ce puits, appelé vulgairement *puits de Sainte Anne*, est alimenté
par une eau saine et abondante, à laquelle
le fidèle croyant attribue une vertu surnatu-
relle et bienfaisante. Des galeries, on monte
aux tribunes, qui se trouvent même au-dessus
d'elles, et qui communiquent avec le sanctuaire par le moyen de trois fenêtres chacune.

Parlons maintenant du principal objet de
cette description : l'autel de Sainte Anne et
ses précieuses reliques.

Le maître-autel, élevé de trois degrés, en
marbre précieux, au-dessus du sol, est placé
au-dessous d'un portique formé, de chaque
côté, par deux colonnes accouplées sur un
même piédestal, et dont les chapiteaux dorés,
comme toutes les autres sculptures du sanctuaire, supportent une architrave avec une
belle frise de feuillages en relief. Au-dessus
de la frise commence la corniche du fronton,
dont les deux côtés rampants sont roulés en
spirale au milieu de leur course, et servent de
siége à deux majestueux chérubins, à ailes
éployées, qui tiennent, d'une main, des faisceaux de feuillages, et de l'autre, montrent
le Père Éternel qui apparaît entre deux petits
anges, au sommet d'une espèce de second

portique de petite dimension, établi dans le tympan du fronton. Dans l'intérieur de ce petit portique, et entre les deux pilastres qui, se terminant en anges, soutiennent son couronnement, se trouve un tableau représentant l'Assomption de la Sainte Vierge.

La niche où reposent les précieuses reliques de la glorieuse Sainte Anne et celles de tous les saints patrons de la ville, est sous le grand portique, au-dessus même de l'autel. C'est un enfoncement à arc surbaissé, à fond bleu, avec des rideaux en soie de même couleur et à franges d'argent. (1) Elle est divisée en deux étages. Le buste de la sainte mère de Marie, supporté par quatre petits lions et posé sur la châsse qui contient son saint corps, occupe le plus élevé. A ses côtés sont les bustes de saint Auspice et de saint Castor, les deux gloires de l'Église aptésienne.

L'étage inférieur est occupé par les bustes de saint Elzéar et de sainte Delphine, les deux anges protecteurs de la Provence, et par ceux de saint François de Sales et de sainte Marguerite. Dans ce même étage, et derrière les

(1) Cette niche se ferme au moyen d'une grille en fer doré et d'une seconde porte en bois ornée, à l'intérieur et à l'extérieur, de peintures représentant les principaux traits de la vie de nos saints patrons.

bustes des saints qui l'occupent, se trouvent
les quatre châsses qui contiennent les corps
précieux de saint Elzéar et de sainte Delphine , de saint Auspice , de saint Castor et du
grand saint Martian , fondateur et premier
abbé de l'abbaye de saint Eusèbe, près de Sai-
gnon. Indépendamment de tous ces saints
corps conservés dans la niche de Sainte Anne,
il y a encore quatre petits coffrets antiques
contenant les ossements de plusieurs saints
dont on ignore les noms, mais que l'on pourrait pourtant parvenir à connaître , si on étu-
diait, soit les caractères gothiques gravés sur
tous les angles de deux d'entre eux , soit les
inscriptions qui doivent se trouver dans leur
intérieur, qui n'a pas été visité peut-être
depuis plusieurs siècles. Ces deux coffrets sont
remarquables par les sculptures dont ils sont
ornés, outre les inscriptions gothiques qui les
entourent ; ils sont entièrement dorés ; leur
couvercle est bordé d'une frange en soie, et
paraissent avoir été fabriqués tous les deux
à la même époque et par les mêmes mains.
Les reliefs dont l'un deux est couvert représentent en plusieurs endroits une sainte à genoux, sous un riche baldaquin, et un soldat
s'avançant vers elle dans une attitude mena-

çante. Les ossements renfermés dans cette caisse ne seraient-ils pas ceux de sainte Augie, vierge, martyrisée à Apt, dont le martyrologe gallican fait mention, au 14 du mois de mai? Cette question mériterait d'être examinée.

Les sculptures de l'autre caisse consistent en feuillages dorés, sous lesquels on aperçoit quantité de monstres ailés et autres quadrupèdes.

Le troisième coffret, moins riche que ceux dont nous venons de parler, ne laisse pas que d'offrir quelque intérêt artistique : c'est un ouvrage de marqueterie, composé de brins de pailles de différentes couleurs, collés avec délicatesse et symétrie, sur tout son extérieur.

Le quatrième coffret, quoique plus petit que les trois autres, paraît néanmoins l'emporter de beaucoup sur eux, sous le double rapport de l'art et de l'antiquité : il a la forme d'un petit tombeau en dos d'âne, soutenu par quatre pieds; il est en cuivre jaune, sur lequel un burin habile a gravé mille petits dessins feuillagés. Sur le devant se trouvent peints, couleur bleue et or, six apôtres, que l'on reconnaît aux insignes dont chacun d'eux est muni. Deux autres apôtres se trouvent représentés, un de chaque côté, sur les petites faces latérales. L'ouverture a été ménagée en-dessous, et son cadenas, formé d'une petite tête à figure humaine, est un modèle du genre antique.

Une autre relique bien précieuse, conservée dans cette niche, c'est une liqueur appelée *suc radical de saint Martian*, renfermée dans une petite bouteille de cristal. Ce suc, que le premier médecin de la reine Anne d'Autriche reconnut, conformément à notre tradition, être cette eau que la nature entretient autour du cœur pour rafraîchir le péricarde, fut reçu dans cette fiole, lorsqu'on inhuma le corps de saint Martian; et quoiqu'il n'y ait rien de si corruptible, il s'est conservé néanmoins miraculeusement depuis le neuvième siècle jusqu'à ce jour.

Une autre petite caisse de bois peinte en rouge contient le livre de prières de sainte Delphine, écrit à la main sur le vélin. Ouvrage du quatorzième siècle, ce manuscrit est très-précieux sous le rapport de l'antiquité et de l'exécution, mais bien plus encore comme relique. Les lettres initiales des psaumes sont plaquées en or, ou peintes des plus vives couleurs, ainsi que plusieurs images que l'on y rencontre.

On voit aussi dans la niche de Sainte Anne

deux mitres antiques en drap d'argent, ayant
sans doute appartenu à quelques-uns de nos
saints évêques; un tableau ancien sur cuivre
argenté, représentant en relief les mystères de
la vie de Notre-Seigneur Jésus-Christ et de
la très-sainte Vierge ; des cépées de corail,
présents des pieux pèlerins marseillais, enfants
de la Méditerranée ; des colliers, des chapelets en cristal, en pierres précieuses et en
corail. Un de ces chapelets, merveille de
l'art, paraît être en bois précieux ; ses grains,
à triples facettes sculptées, offrent sur chacune d'elle un petit creux ovale renfermant
le nom et la relique d'un saint, recouverte
d'un petit cristal. Enfin on y voit encore trois
urnes en cristal, dont l'une, plus grosse que les
autres, et contenant les débris des précieuses
reliques de Sainte Anne, est encore scellée
du sceau de l'ancien chapitre ; les deux autres
sont également en cristal, mais d'un plus
riche travail, et couvertes, sur les flancs, de
figures en or, en émail et en diverses couleurs.
L'une est vide aujourd'hui, et renfermait,
avant la grande révolution, plusieurs précieuses reliques telles qu'une pièce du gril de
saint Vincent, une petite portion du roseau
de la passion, et quelques autres encore qui

se sont perdues. La dernière renferme un grand voile vulgairement appelé : *Le suaire de Sainte Anne*. Comme cette urne est aussi scellée du sceau de l'ancien chapitre, et qu'on ne peut voir ce voile qu'à travers le cristal, nous sommes forcés de donner ici la description que M. de Remerville nous en a laissée dans son histoire de l'église d'Apt :

« Le voile qu'on appelle *Le suaire de Sainte*
« *Anne*, dit cet auteur, est d'un coton très-
« fin et très-délicat ; ses extrémités sont enri-
« chies de deux bandes d'or, bordées de di-
« vers caractères entièrement inconnus ; une
« bande de la même broderie que celle des
« extrémités, coupe le voile par le milieu, et
« se joint dans une égale distance à trois ran-
« gées de pareils caractères qui forment trois
« cartouches ovales, dans lesquels l'ouvrier a
« placé, en broderie d'or, deux monstres
« adossés qui ont la figure humaine et le corps
« d'un lion ou d'un chien. Ces figures ont
« chacune sur la tête une couronne antique et
« les ailes éployées. L'ovale du cartouche est
« rempli, au-dessus de leur tête, par une espèce
« de fleuron... La longueur de ce voile est de
« douze pans et demi, mesure de Provence
« (3 mètres 0,50), et sa largeur de six pans
« et quart (1 mètre 525)... »

Il est dit dans un autre endroit qu'aux extrémités de ce voile, il y a de petits anges en broderie d'or qui soutiennent des rouleaux sur lesquels se trouvent des caractères semblables à ceux que l'on voit autour des cartouches.

L'auteur dont nous venons d'emprunter les paroles, pense, 1° que ce voile est un travail égyptien, comme l'indiquent les caractères hiéroglyphiques dont il est orné; 2° qu'il est venu d'Orient avec le corps de Sainte Anne; 3° que c'est une ancienne nappe d'autel; 4° qu'il fut trouvé dans la grotte avec les reliques de Sainte Anne, lors de leur miraculeuse invention, etc., etc. De toutes ces opinions plus ou moins vraisemblables à l'époque où cet auteur a écrit (1714), nous ne pouvons admettre que la première, par les raisons que voici : cet auteur, dans son ouvrage, nous a laissé un calque de deux ovales entourés de caractères égyptiens, dont ce voile est orné. Nous avons nous-même pris sur son manuscrit une copie exacte de ces ovales et des caratères qui les entourent, et pensant que, dans le siècle de lumière où nous vivons, il pourrait se trouver à Paris des personnes capables de les interpréter, nous l'avons envoyée à un savant

de l'époque. (1) Notre attente n'a pas été trom-
pée : ce Monsieur, aidé de M. Lehir et Quatre-
mère, professeur d'Arabe au collége de France, est parvenu à lire une partie de l'inscription. Voici un fragment de sa lettre en réponse
à la nôtre : « .... Je vais transcrire ici ce
« que M. Lehir a pu déchiffrer. Sur le côté
« gauche, il semble qu'on lit : *Ali Dieu le*
« *protége Liman.* »

« Plus loin on y lit plus distinctement :
« *Liman Aboul, Cassem Mostali Billah,*
« *prince des croyants, la bénédiction de Dieu*
« *soit sur lui et sur ses enfants . . . . . .*
« Cet Aboul Cassem ou Casem Mostali, que
« l'on donne pour le sixième Calife fathimide,
« parvint au trône en 1094, et quatre ans
» après, les Francs s'emparèrent de Jéru-
« salem......»

D'après cette interprétation, ce voile ne
remonterait donc qu'à l'époque de la première
croisade, puisqu'on y lit le nom du calife
qui défendit Jérusalem contre Godefroi de
Bouillon. Conséquemment, il paraît évident
que ce voile n'est point une nappe d'autel, et

(1) M. Fayon, prêtre de la congrégation de Saint-
Sulpice, auteur d'un ouvrage très remarquable sur
St Lazare, Ste Marthe et Ste Magdeleine.

qu'il n'a point été apporté à Apt en même
temps que les reliques de Sainte Anne, comme
l'a prétendu M. de Remerville, puisque les reliques de Sainte Anne, ainsi qu'on la vu ,
étaient honorées à Apt plusieurs siècles avant
la première croisade.

Notre opinion serait donc que ce voile doit
être une dépouille de l'armée musulmane,
peut-être un des étendards de calife Mostali,
que Godefroi vainquit si glorieusement à la
sanglante bataille d'Ascalon, dont le butin fut
immense pour l'armée chrétienne. L'histoire
des croisades rapporte que plusieurs seigneurs
provençaux, entre autres Raimbaud de Simia-
ne, seigneur d'Apt, Guillaume de Sabran, seigneur d'Ansouis, assistèrent à la première
croisade. Il y est même dit positivement qu'un
évêque d'Apt était aussi du nombre. Voici surtout une particularité de cette première croisade , rapportée par l'historien Michaud (1),
où l'évêque d'Apt figure d'une manière trop
glorieuse pour que nous la passions sous
silence.

(1) Michaud (*Hist. des Croisades , tome premier.*)
Delacroix (*Hist. des Croisades*) cite également ce
fait; il ajoute qu'à la bataille d'Ascalon , les croisés
s'emparèrent du grand étendard des infidèles, et qu'il

Nous mettrons ici en scène l'historien lui-même, afin que ses paroles aient plus de poids aux yeux de nos lecteurs, et donnent un plus grand degré de certitude à la conclusion que nous prétendons en tirer nous-même, au sujet du voile qui nous occupe.

« En 1096, l'évêque d'Apt, dit-il, se croisa
« avec ses vassaux, à l'exemple d'Adhémar,
« évêque du Puy, des évêques de Lodève,
« d'Orange et de l'archevêque de Tolède.
« On vit se croiser en même temps Raymond,
« vicomte de Castillon, Guillaume d'Urgel,
« comte de Forcalquier, et plusieurs autres
« puissants seigneurs.... Quand les croisés
« arrivèrent à Saint-Jean d'Acre, l'émir se
« soumit à eux, dans l'intention de les mieux
« combattre, car après leur passage, il écri-
« vit à celui de Césarée, pour prendre les
« mesures convenables afin d'écraser les
« chrétiens. Lorsque l'armée chrétienne cam-
« pait près de l'étang de Césarée, une co-
« lombe, échappée des serres d'un oiseau de
« proie, tomba sans vie au milieu des sol-
« dats chrétiens. L'évêque d'Apt, qui ra-

fut ensuite suspendu, comme un trophée, avec l'é-
pée du général musulman, aux colonnes de l'église du
saint Sépulcre.

« massa cet oiseau, trouva sous ses ailes une
« lettre écrite par l'émir de Ptolémaïs (Saint-
« Jean d'Acre), à celui de Césarée. La race
« maudite des chrétiens, disait l'émir, ,vient
« de traverser mon territoire ; elle va passer
« sur le vôtre. Que tous les chefs des villes
« musulmanes soient avertis de sa marche, et
« qu'ils prennent des mesures pour écraser
« nos ennemis. Cette lettre fut lue dans le
« conseil des princes et devant toute l'armée. »

De tout ce qu'on vient de lire, nous croyons
pouvoir conclure que ce voile doit être une
dépouille des Musulmans, et qu'un des seigneurs aptésiens, ou peut-être l'évêque d'Apt
lui-même, l'aurait déposé sur le tombeau de
Sainte Anne, comme un glorieux trophée, en
reconnaissance de son heureux retour dans sa
patrie, après une expédition des plus péril-
leuses. (1) Ensuite la vue de ce voile, déposé

(1) Ce qui nous porte à croire surtout que ce voile
est un étendard musulman, c'est l'analogie qu'il a
avec les étendards trouvés dans les dépouilles des
Turcs, au siége de Vienne en 1683. Voici la description que Godescard en fait : « Il y avait, dit cet au-
« teur, parmi les dépouilles, le grand étendard fait
« de crin de cheval marin, travaillé à l'aiguille, orné
« de fleurs en broderie et couvert de caractères arabes.
« L'empereur le fit suspendre dans la principale église

depuis plus de six cents ans sur les sacrées reliques de Sainte Anne , aura jeté dans la

« de Vienne. Il envoya au pape Innocent XI l'éten-
» dard de Mahomet, qui était au milieu du camp,
« près de la tente du grand visir. C'était un brocard
« d'or sur un fond rouge avec un bord vert, orné
« aussi de caractères arabes. »

(Godescard , *Vies des Saints* , 8 sept. *Fête du saint Nom de Marie.*)

Chodzko, dans un savant ouvrage intitulé : *La Pologne historique*, etc. donne la gravure et les dimensions de ce dernier étendard, ainsi que l'inscription arabe qui l'entoure. D'après cet auteur, il a douze pieds de long et huit de large. Voici l'inscription.

On lit sur le haut :

« Nous te souhaitons une grande victoire ; que Dieu
« te remette les péchés passés et futurs ; qu'il verse
« sur toi sa grâce ; qu'il te mène dans la bonne voie. »

Au milieu on lit :

« Il n'y a pas d'autre Dieu que Dieu, et Mahomet
« est son prophète. »

On lit au bas :

« Que Dieu t'aide en tout, qu'il te protége de sa
« puissance, car il est celui qui de son esprit inspire
« les fidèles, afin que sa foi se propage et soit avec
« eux. Toutes les armées du ciel et de la terre sont
« à Dieu. »

(*La Pologne Histor.* Paris , 1841.)

Le voilé dit de Sainte Anne ne diffère guère , comme on le voit, des étendards décrits ci-dessus, que par la matière de son tissu. Il est aussi couvert de persuasion que c'était là le suaire de notre glorieuse patronne, et qu'il avait été apporté d'Orient avec son saint corps.

Quoi qu'il en soit de son origine et de son usage, ce voile est un monument infiniment précieux, sous le double rapport historique et scientifique, dont l'étude mérite d'être approfondie, et sur lequel conséquemment nous appelons toute l'attention du monde savant.

Nous terminerons ici ces descriptions, déjà trop longues, et nous reviendrons au véritable sujet de cette histoire : les précieuses reliques de Sainte Anne.

L'époque néfaste de la grande révolution fut, pour le culte de Sainte Anne, ce qu'il fut en général pour la sainte religion de Jésus-Christ, une époque de désolation et de deuil. Les vandales du jacobinisme auraient-ils pu respecter le sanctuaire de la sainte mère de Marie, pendant qu'ils portaient avec tant de fureur leurs mains sacriléges sur celui même du Fils de Dieu ? Déjà en 1790, toutes les richesses de la chapelle de Sainte Anne

broderies et de caractères arabes en or, en couleurs rouge, bleue et verte très-vives. Sa forme, ainsi que le style et le fond de son inscription, sont à peu près les mêmes.

avaient été inventoriées. Ce trésor, qui prove-
nait des présents précieux faits à *Madame
Sainte Anne* depuis environ six siècles de
foi, par de nobles seigneurs, des princes et
des rois, se composait de quatre bustes et de
quatre châsses en vermeil: c'étaient les bustes
et les châsses de Sainte Anne, de saint Auspice, de saint Castor et de saint Martian ; quatre reliquaires en forme de bras, d'argent ou
de vermeil, appartenant aux mêmes saints ;
quatre chandeliers en argent, avec la croix de
l'autel, ainsi que plusieurs calices de même
matière, donnés par les évêques et les princes
de l'Église ; un cristal enchâssé dans un vase
d'argent où l'on conservait le suc ou humi-
de radical de saint Martian, dont il a déjà
été question ; une couronne en or enrichie
de perles et de rubis ; une statuette d'or
massif, avec un aigle de même métal,
trois présents d'Anne d'Autriche ; deux urnes
en cristal, dont l'une renfermait le *voile* dit
de Sainte Anne, et l'autre, diverses reliques
dont nous avons aussi déjà parlé ; un tableau
ou miroir antique à plusieurs faces en or et
argent, ou émaux de différentes couleurs ; un
grand nombre de médailles d'or et d'anneaux
à pierres fines ; etc. etc. dix lampes de diffé-

rents poids, neuf d'argent et une d'or, pesant quatre livres deux onces : celle en or et quelques autres en argent avaient été déjà vendues pour différents besoins, à l'époque où cet inventaire fut fait.

Quelque temps après, l'heure du prince des ténèbres étant venue (1794), les lampes du sanctuaire de Sainte Anne s'éteignirent au souffle de la terreur, et des hommes hideux et couverts de crimes portèrent leurs mains spoliatrices et sacriléges sur tout ce qu'il y avait de plus vénérable et de plus sacré. Les saintes reliques de la glorieuse mère de Marie, ainsi que celles de nos saints patrons, furent arrachées indignement de leurs châsses précieuses, et tout ce qui fut or ou argent devint la proie des nouveaux vandales. Heureusement que des mains bénies du Ciel eurent le soin de soustraire à leur fureur les saintes reliques de tous nos saints patrons, qui furent déposées dans les archives de la commune, et y demeurèrent jusqu'à l'époque où Dieu mettant enfin un terme aux maux de la France, la religion catholique reconquit l'empire des cœurs d'où l'impiété et le philosophisme avaient voulu la bannir. Alors les saintes reliques de Sainte Anne

et celles de nos glorieux patrons , placées
dans de nouveaux bustes , en bois doré , au
fond de leur auguste sanctuaire, recommen-
cèrent à recevoir le culte et la vénération des
pieux fidèles. Depuis cette époque jusqu'à
ce jour, la dévotion à Sainte Anne a repris une
partie de son ancien lustre, et nous voyons ,
presque chaque année , des âmes pieuses faire
oublier par de nouvelles offrandes la perte
des premières. C'est ainsi qu'en 1828 , par la
piéte et le zèle d'un de nos nobles et vertueux magistrats (1) , la chapelle de Sainte
Anne , restaurée aux frais du roi Charles
X , des princes et princesses de sa noble famille (2) , de quelques évêques et cardinaux,
ainsi que des dons de plusieurs illustres personnages unis à ceux des pieux Aptésiens ,
resplendit de l'éclat que nous lui voyons encore tous aujourd'hui.

Les Aptésiens n'eurent point à se repentir
des pieux sacrifices qu'ils s'étaient imposés

(1) Monsieur le Comte Charles de Martignan , sous-
préfet d'Apt.

(2) Monseigneur le duc de Bordeaux, aujourd'hui
Henri de France, Comte de Chambord , quoique bien
jeune alors, voulut aussi contribuer le plus large-
ment qu'il put à la restauration de cette royale chapelle.

pour décorer le sanctuaire de leur sainte patronne, car quelques années après, un fléau
contagieux (1) promenant la désolation et la
mort au sein des populeuses cités de Provence, Apt, comme toujours, se rappelant
son antique libératrice, éleva vers son trône
ses mains suppliantes, et la glorieuse Sainte
Anne étendit aussitôt sur sa ville chérie son
égide protectrice. Nous espérons qu'aujour-
d'hui que l'ange exterminateur fait encore
étinceler autour de leur cité le glaive des vengeances divines, ils s'empresseront de mériter,
par leur foi, leur zèle et leur confiance, la
grâce d'une semblable protection.

Avant de terminer ce petit ouvrage, met-
tons ici sous les yeux de nos pieux compa-
triotes le dernier inventaire des reliques de
leur sainte patronne, fait par ordre du parlement de Provence en 1602, afin que la con-
sidération de leur précieux trésor les porte
à se rendre toujours de plus en plus dignes
de le posséder.

(1) Le choléra-morbus, en 1836.

INVENTAIRE DES RELIQUES

DE SAINTE ANNE

Fait en l'année 1602 par deux chirur-giens, en présence de trois commissaires de la cour du parlement de Provence, de l'évêque d'Apt, du chapitre, du viguier, des deux consuls, des principaux membres de la noblesse, et de plusieurs autres notables citoyens.

Ce fut le 4 du mois de septembre que la commission nommée par le parlement de Provence, procéda à l'inventaire des pré-cieuses reliques de la glorieuse Sainte Anne. La châsse qui les contenait était intérieure-ment doublée de drap d'or à fond bleu, et ren-fermait un sac de toile blanche à franges de soie bleue garnie de houppes de soie cramoi-sie, sur lequel on lisait ces mots écrits en grands caractères romains : *Sacra ac vene-randa ossa beatissimæ matris sanctissimæ Virginis Mariæ*, et plus bas, en pareils carac-tère, *Apt.* Ce sac ayant été ouvert, on y trouva les ossements suivants, qui furent re-connus par les deux chirurgiens et inventoriés comme suit :

6

Un os appelé *sacrum*, presque tout entier ;

Une pièce des aperficies du genou ;

Deux os de la cuisse, appelés *fémur* : un de la longueur d'un pied, et l'autre d'un pied et demi ;

Quatre dents entières ;

Une pièce de l'os de la jambe, d'un pied et demi de long ;

Une autre pièce de l'extrémité des mêmes os ;

Un troisième os de la cuisse, appelé *fémur*, d'un demi pied ;

Un os de l'omoplate, avec une partie du jugal ;

Une pièce de la clavicule ;

Une autre partie du *fémur ;*

Une pièce de la vertèbre la plus basse ;

Deux grosses pièces de la sommité de l'os *fémur ;*

Deux petites faucilles, l'une du bras et l'autre de la jambe ;

Plusieurs ossements qui paraissent être les carpes et les métacarpes des pieds et des mains ;

Une partie de l'os *pubis ;*

Six vertèbres, dont l'une est tout entière ;

Une extrémité d'une partie de l'omoplate ;

Plusieurs pièces des côtes ;

Quelques pièces de l'os *brachium ;*

Quatre faucilles, et plusieurs autres petits ossements qui ne peuvent recevoir aucune désignation, non plus que les fragments qui sont renfermés dans une urne de verre.

D'après cet inventaire, dans lequel le crâne de Sainte Anne n'a point été compris parce qu'il ne se trouvait pas dans le sac avec les autres ossements, mais au bas du buste en vermeil, nous voyons qu'en 1602, l'église d'Apt ne possédait déjà plus en entier le corps de sa sainte patronne. Cette diminution de son précieux trésor venait des distributions nombreuses qu'elle avait été obligée d'en faire à différentes époques, pour en enrichir un grand nombre de villes d'Europe. Nous mentionnerons ici quelques-unes de ces églises privilégiées, ainsi que la désignation de leur relique, lorsqu'il y aura possibilité.

Rome possède quelques portions des reliques de Sainte Anne d'Apt.

Ancone possédait un pied de cette sainte, ainsi que nous l'avons déjà observé dans le courant de cet ouvrage, au sujet du pèlerinage du cardinal de Conti à Sainte Anne d'Apt.

Bologne possédait une petite partie de la tête.

Le grand duc de Toscane, désirant posséder quelques portions des reliques de Sainte Anne, s'adressa à Louis XIV, et en obtint, par arrêt du conseil d'État du 14 mai 1713. L'évêque d'Apt lui donna un morceau de l'os du bras, qui fut porté au vice-Légat d'Avignon Salviati, chargé de recevoir cette sainte relique, et qui en fit la vérification en présence du cardinal Zundari.

Naples conserve quelques portions des reliques de Sainte Anne.

Vinay, en Piémont, possède des reliques de Sainte Anne d'Apt, qui lui furent données par les seigneurs de Cental, de Bolliers, barons de La Tour-d'Aigues et vicomtes de Reillane.

Saragosse, en Espagne, possède une relique de Sainte Anne dans une belle châsse en vermeil.

Barcelone et Valence, en Espagne, possèdent également quelques portions des reliques de notre sainte patronne.

La ville de Duren, au duché de Juliers, a une portion de la tête de Sainte Anne. (1)

_____

(1) *Molandus, in addit. Usuard.*

Ursits , dans le diocèse Wurbzbourg en Franconie, a des reliques de Sainte Anne.

Paris possède des reliques de Sainte Anne d'Apt , qui furent données à la reine Anne d'Autriche, en 1623. C'était l'os du pouce. A sa mort, cette relique fut divisée en trois portions, dont l'une fut donnée à la présidente de Bailleul, qui en fit elle-même cadeau à la mère Eugénie des Fontaines, religieuse du monastère de la Visitation de la rue Saint-Antoine à Paris ; la seconde fut donnée aux religieux Prémontrés, établis à Saint-Germain-des-Prés ; la troisième, selon l'abbé Boze, fut donnée aux Carmes , de Sainte Anne d'Auray, en Bretagne.

Narbonne possède des reliques de Sainte Anne. (1)

Rouen , *idem*.

L'abbaye d'Orcamp, près de Noyon, possède une petite portion de la tête de Sainte Anne d'Apt.

L'ancienne abbaye de l'Ile-Barbe , près de Lyon , fondée par Charlemagne , possédait aussi une petite portion des reliques de Sainte Anne , qui lui avait été donnée par ce prince. (2)

(1) Legrand.

(2) *Compegius*, Hist. de l'Abbaye, de l'Ile-Barbe.

En 1425, le chapitre d'Apt fit présent d'une côte de Sainte Anne à Louise de Beauveau, comtesse de Sault.

En 1252, des reliques de Sainte Anne furent mises dans l'autel de l'église de Montrieu, lors de sa consécration. (1)

Villeneuve-lez-Avignon, dont on a vu la dévotion à Sainte Anne d'Apt au chapitre 4me de cet ouvrage, a une chapelle consacrée en son honneur, ainsi qu'une relique, dans l'église paroissiale.

Une autre chapelle de Sainte Anne fut élevée en 1390 par noble Pierre d'Ascagnon, dans la magnifique église abbatiale de Saint Antoine en Viennois.

Nous ne pousserons pas plus loin nos recherches, et nous terminerons ici cette nomenclature, qui finirait par devenir fastidieuse pour la plupart de nos lecteurs. L'empressement de ces divers pays à se procurer de nos saintes reliques, l'honneur et le culte qu'ils lui rendent, montrent assez l'estime et la vénération que nous devons avoir pour celles qui nous restent, et combien nous devons nous sentir fiers de les posséder.

Nous touchons enfin maintenant au but

(1) Belzunce, Hist. de l'Église de Marseille.

que nous nous étions proposé; il ne nous
reste donc plus rien à faire, si ce n'est de
prier nos lecteurs de jeter encore un regard
rétrospectif sur le sujet qu'ils viennent de
parcourir, afin de surexciter en eux les sentiments de dévotion dont ils se sont sentis pé-
nétrés envers la glorieuse Sainte Anne, et
de les traduire en pratique. Nous leur avons
montré par quelles mains pieuses nos traditions assurent que ce précieux trésor nous
fut apporté, et par quel merveilleux prodige
Dieu voulut le révéler à nos pères. Nous leur
avons dit l'élan des populations de la religieuse Provence pour accourir à son sacré
sanctuaire et solliciter ses faveurs. Ils ont
vu surtout avec quelle bonté la sainte mère de Marie se montrait douce, sensible et
compatissante envers elles, quand, aux jours
d'épreuves et de calamités, elles venaient
avec confiance et amour implorer sa puissante protection.

Enfants fortunés de ces aïeux qui eurent
une si large part aux bontés de la glorieuse
Sainte Anne, et parmi lesquels elle voulut
reposer, vous, vertueux Aptésiens, ne cédez
point au torrent de l'indifférence et de l'impiété qui entraîne presque tout aujourd'hui

sur son passage ; héritiers de leur foi comme de leur sang, souvenez-vous, comme eux , dans toutes vos craintes , que vous avez dans le ciel une patronne auguste qui veille sur vos personnes et sur vos moissons , avec une tendresse et une sollicitude de mère. Malgré les cris de l'incrédulité, « demeurez, suivant les sages conseils d'un savant (1), oui , « demeurez constamment dans la possession « immémoriale de votre sacré trésor.., et vénérez avec la piété des anciens jours la sainte mère de la Mère de Dieu. Employez tout ce que « vous avez de ferveur et de zèle pour honorer « cette grande Sainte Anne , « que toute la « France, comme l'a dit encore un illustre et « pieux auteur (2), se glorifie de posséder par « votre moyen , persuadée que si la Vierge « Marie avait voulu laisser sa glorieuse dépouille sur la terre , elle n'aurait pas choisi « d'autre lieu que votre église , afin que les « reliques de la fille reposassent avec celles « de la mère. »

(1) Le bollandiste C***. *Acta sanctor. Mensis Julii die* 26.

(2) Lettre de Monseigneur du Saussay, évêque de Tulle, et auteur du martyrologe gallican , au chapitre d'Apt en 1649.

FIN.

NOTES.

En faisant la description de notre antique cathédrale, nous avons été obligés, pour ne pas interrompre la suite de la narration, de passer sous silence certains objets d'art ou de piété qui méritent quelques détails. Nous allons ici combler en peu de mots cette lacune, afin de ne rien omettre de tout ce qui serait capable d'intéresser nos lecteurs. Nous commencerons par la sacristie de Sainte Anne, qui occupe le côté droit du sanctuaire de sa chapelle : elle est presque entièrement couverte de tableaux votifs, dont la peinture offre, par les costumes divers des personnages, une agréable réminiscence des temps passés. On y voit de plus, au-dessus de la crédence, une belle copie originale du fameux tableau de l'Annonciation qui est à *Sancta Maria-Novella* de Florence, peinte par le célèbre Brauzio en 1500 ; de petits navires suspendus à la voûte par de pieux matelots en signe de délivrance, et un crocodile desséché qu'un nautonnier sans doute parvint à tuer autrefois sans accident, après s'être recommandé aux intercessions de la *grande Madame Sainte Anne*. On y conserve de plus un enfant Jésus sculpté sur bois, couché dans un petit berceau, et qui fut jadis un objet de grande vénération pour saint Elzéar et sainte Delphine. D'après un respectable et ancien usage, les époux privés de postérité le bercent par dévotion, et voient souvent les heureux effets de la protection des deux époux angéliques de la Provence.

Le tableau qui occupe le côté gauche de la chapelle de Sainte Anne au-dessus de la Vierge en marbre, est l'ancien tableau du maître-autel de la cathédrale, avant qu'on eût bâti le chœur actuel ; il fut peint par Lelong en 1617, et représente la sainte Vierge portée au ciel par les anges, et laissant sur la terre les apôtres dans le regret et l'admiration, autour de sa tombe glorieuse. Par une idée du peintre assez commune en ce temps-là, Sainte Anne et saint Auspice figurent aussi, un de chaque côté, sur le devant du tableau, qui réunit ainsi les trois principaux patrons de la cathédrale. Un autre tableau, peut-être encore plus précieux, est celui qui se trouve sur le premier pilier de droite en entrant par la grand' porte : c'est un tableau de l'école grecque, qui fut apporté de Malte par le commandeur de Bezaures, à l'époque de la prise de cette île ; il est peint sur bois, sur un fond doré, et représente saint Jean-Baptiste, le patron de l'ordre, ayant à ses pieds un jeune chevalier dans la posture d'un suppliant. Le saint tient dans ses mains les deux inscriptions suivantes :

Agnus Dei, qui tollis peccata mundi, miserere nobis.

In te sperantes dirige, adjuva et protege, præcursor Christi sanctissime.

On lisait autrefois le vers suivant écrit sur un rouleau au-dessus du tableau :

Ecce Rhodi captæ Cretiæque superstes imago.

Celui qui est au-dessous de la fenêtre qui éclaire les nouveaux fonts baptismaux, et représentant la Cène, est l'ancien tableau de la chapelle du *Corpus Domini;* il fut peint par l'Aragon Ma. Celui qui orne actuellement l'intérieur de cette chapelle, est l'œuvre du peintre aptésien nommé Marron. Le frère de l'artiste est représenté dans un des coins du tableau en adoration devant la personne adorable du Sauveur des hommes, qui tient dans sa main divine le calice du salut et le pain de l'immortalité.

Les médaillons qui décorent l'autel de l'ancienne chapelle de Sainte Anne méritent également de fixer l'attention des artistes. La statue de saint Roch qu'on voit au-dessus de cet autel, est un des chefs-d'œuvre du célèbre Puget. La pose du saint est admirable, et l'expression de son visage, sublime. Dans lui, la prière et l'espérance semblent lutter contre le ciel avec une divine persévérance, et son âme souffrante paraît n'attendre plus qu'un appel pour échapper à la douleur et s'envoler vers Dieu. On croit que la Vierge de la chapelle du saint Rosaire est aussi l'œuvre du même artiste, ainsi que la statue de saint Jérome, que l'on conserve dans la chapelle des pénitents bleus. Là collection des autres tableaux de dimension grandiose qui ornent le chœur et chaque pilier de la basilique aptésienne, est due entièrement au pinceau du peintre aptésien nommé Delpech, qui vivait dans le siècle dernier. Enfin les vitraux coloriés que l'on voit au fond du chœur remontent au quatorzième siècle ; ils furent exécutés par l'ordre de Rostan de Bot, pour perpétuer le souvenir du mariage de sa fille Thibaude avec Rostan de Grimoald, neveu du pape Urbain V. Ces vitraux, qui ne sont pas là dans leur entier, et dont on

conserve encore plusieurs fragments à la sacristie , représentent , dans leur partie supérieure , plusieurs personnages , au milieu
desquels on voit la Sainte Vierge assise sur
des nuages , et tenant l'enfant Jésus entre ses
bras. Au-dessous , le seigneur Rostan est
peint , à genoux avec sa fille et ses deux
petits-fils , devant la personne du Souverain
Pontife.

LITANIES ET PRIÈRES

EN L'HONNEUR

DE LA GLORIEUSE SAINTE ANNE.

Aimons donc et vénérons Sainte
Anne , mes très-chers frères ,
elle qui peut nous conduire à
Dieu , car elle en est très-près ,
et en est surtout très-aimée.
(TRITHÈM., cap. II, *De laud.
S. Annæ.*)

Ces litanies se chantaient autrefois le premier mardi
de chaque mois dans la chapelle de Sainte Anne ,
et elles étaient suivies de la bénédiction du très-
saint Sacrement.

Kyrie, eleison.
Christe, eleison.
Kyrie, eleison.
Christe, audi nos.
Christe, exaudi nos.
Pater de cœlis, Deus , miserere nobis.
Fili , Redemptor mundi , Deus , miserere.
Spiritus Sancte, Deus , miserere nobis.
Sancta Trinitas , unus Deus , miserere nobis.
Sancta Anna , ora pro nobis.

LITANIES ET PRIÈRES

EN L'HONNEUR

DE LA GLORIEUSE SAINTE ANNE.

> Aimons donc et vénérons Sainte
> Anne, mes très-chers frères,
> elle qui peut nous conduire à
> Dieu, car elle en est très-près,
> et en est surtout très-aimée.
> (TRITHÈM., cap. II. *De laud.*
> *S. Annæ.*)

Ces litanies se chantaient autrefois le premier mardi
de chaque mois dans la chapelle de Sainte Anne,
et elles étaient suivies de la bénédiction du très-
saint Sacrement.

Seigneur, ayez pitié de nous.

Jésus-Christ, ayez pitié de nous.

Seigneur, ayez pitié de nous.

Jésus-Christ, écoutez-nous.

Jésus-Christ, exaucez-nous.

Père céleste, qui êtes Dieu, ayez pitié de nous.

Fils, Rédempteur du monde, qui êtes Dieu, ayez.

Esprit-Saint, qui êtes Dieu, ayez pitié de nous.

Trinité sainte, qui êtes un seul Dieu, ayez.

Sainte Anne, priez pour nous.

Sancta Anna, avia Christi,

Sancta Anna, mater Mariæ Virginis,

Sancta Anna, sponsa Joachim,

Sancta Anna, socrus Joseph,

Sancta Anna, arca fœderis Domini,

Sancta Anna, mons Oreb,

Sancta Anna, radix Jesse,

Sancta Anna, arbor bona,

Sancta Anna, vitis fructifera,

Sancta Anna, regali ex progenie,

Sancta Anna, lætitia angelorum,

Sancta Anna, proles patriarcharum,

Sancta Anna, oraculum prophetarum,

Sancta Anna, gloria Sanctorum et Sanctarum,

Sancta Anna, gloria sacerdotum et levitarum,

Sancta Anna, nubes rorida,

Sancta Anna, nubes candida,

Sancta Anna, nubes clara,

Sancta Anna, vas plenum gratiæ,

Sancta Anna, speculum obedientiæ,

Sancta Anna, speculum devotionis,

Sancta Anna, propugnaculum Ecclesiæ,

Sancta Anna, refugium peccatorum,

Sancta Anna, auxilium christianorum,

Sancta Anna, liberatio captivorum,

Ora pro nobis.

Ora pro nobis.

Sainte Anne, aïeule de Jésus-Christ,
Sainte Anne, mère de la Vierge Marie,
Sainte Anne, épouse de saint Joachim,
Sainte Anne, belle-mère de saint Joseph,
Sainte Anne, arche de l'alliance du Seigneur,
Sainte Anne, montagne d'Oreb,
Sainte Anne, racine de Jessé,
Sainte Anne, arbre fertile,
Sainte Anne, vigne féconde,
Sainte Anne, issue d'un sang royal,
Sainte Anne, joie des anges,
Sainte Anne, fille des patriarches,
Sainte Anne, oracle des prophètes,
Sainte Anne, gloire de tous les saints,

Priez pour nous.

Sainte Anne, gloire des prêtres et des lévites,
Sainte Anne, nuée féconde,
Sainte Anne, nuée brillante,
Sainte Anne, nuée très-claire,
Sainte Anne, vaisseau rempli de grâces,
Sainte Anne, miroir d'obéissance,
Sainte Anne, miroir de dévotion,
Sainte Anne, rempart de l'Église,
Sainte Anne, refuge des pécheurs,
Sainte Anne, secours des chrétiens,
Sainte Anne, libératrice des captifs,

Priez pour nous.

Sancta Anna , solatio conjugatorum ,

Sancta Anna , mater viduarum ,

Sancta Anna , portus salutis navigantium ,

Sancta Anna , matrona virginum ,

Sancta Anna , via peregrinorum ,

Sancta Anna , medicina infirmorum ,

Sancta Anna , sanitas languentium ,

Sancta Anna , lumen cœcorum ,

Sancta Anna , lingua mutorum ,

Sancta Anna , auris surdorum ,

Sancta Anna , lingua et solatium afflic-
torum ,

Sancta Anna , patrona Aptensium ,

Agnus Dei qui tollis peccata mundi , parce
nobis, Domine.

Agnus Dei qui tollis peccata mundi , exaudi
nos , Domine.

Agnus Dei qui tollis peccata mundi , miserere
nobis.

Christe , audi nos.

Christe , exaudi nos.

   ℣. Dilexit Dominus Sanctam Annam ,

   ℟. Et amator factus est formæ illius.

Ora pro nobis.

OREMUS.

Omnipotens, sempiterne Deus , qui beatam Annam in genitricis Unigeniti tui matrem

Sainte Anne, consolation des époux,

Sainte Anne, mère des veuves,

Sainte Anne, port de salut des navigateurs,

Sainte Anne, mère des vierges,

Sainte Anne, chemin des pèlerins,

Sainte Anne, remède des infirmes,

Sainte Anne, santé des malades,

Sainte Anne, lumière des aveugles,

Sainte Anne, langue des muets,

Sainte Anne, oreille des sourds,

Sainte Anne, langue et consolation des affligés,

Sainte Anne, patronne des Aptésiens,

Agneau de Dieu qui effacez les péchés du monde, ayez pitié de nous, Seigneur.

Agneau de Dieu qui effacez les péchés du monde, exaucez-nous, Seigneur.

Agneau de Dieu qui effacez les péchés du monde, ayez pitié de nous, Seigneur.

Jésus-Christ, écoutez-nous.

Jésus-Christ, exaucez-nous.

℣. Le Seigneur a chéri Sainte Anne,

℟. Et il a été touché de sa beauté.

ORAISON.

O Dieu tout-puissant et éternel, qui avez choisi la glorieuse Sainte Anne pour la mère

eligere dignatus es, concede propitius, ut qui ejus commemorationem fideli devotione recolimus, ipsius meritis, æternæ vitæ suffragia consequamur. Per Dominum nostrum Jesum Christum.

de celle qui a enfanté votre Fils unique, faites, s'il vous plaît, que nous, qui, avec une
vraie dévotion, honorons sa mémoire, puis-
sions, par ses mérites, parvenir à la vie éternelle. Par Notre-Seigneur Jésus-Christ.

ORAISON

En l'honneur de la Sainte Vierge et de Sainte Anne, composée par le Pape Alexandre VI.

Ave, gratia plena, Dominus tecum; tua gratia sit mecum; benedicta tu in mulieribus, et benedicta sit Sancta Anna, mater tua, ex qua sine macula et peccato processisti, Virgo Maria, ex te autem natus est Jesus-Christus, Filius Dei vivi. Amen.

LA MÊME EN FRANÇAIS.

Je vous salue, Marie, pleine de grâce, le Seigneur est avec vous; que votre grâce soit avec moi; vous êtes bénie entre toutes les femmes, et que bénie soit Sainte Anne, votre Mère, dont vous êtes née sans tache et sans péché, Vierge Marie, qui avez mis vous-même au monde Jésus-Christ, Fils du Dieu vivant. Ainsi soit-il.

LA SALUTATION DE SAINTE ANNE.

Je vous salue, ô glorieuse Sainte Anne, Mère auguste de la Mère de Dieu, objet des

plus chères complaisances de la très-sainte
Trinité et la plus honorée de toutes les femmes. Vous avez été bénie par le Seigneur, et
la très-sainte Vierge Marie, le fruit de vos
entrailles, est aussi bénie, ainsi que Jésus-
Christ, le fruit sacré de son sein virginal.

O grande Sainte Anne, Mère de la Mère
de miséricorde, priez pour nous, pauvres
pécheurs, maintenant et à l'heure de notre
mort. Ainsi soit-il.

•••

ORAISON

*A Sainte Anne, mère de la glorieuse Vierge
Marie et patronne des Aptésiens.*

Glorieuse et très-sainte Dame, que le ciel
admire, que les saints honorent, que la terre
révère, Dieu le Père vous chérit comme la
Mère de sa fille bien-aimée et l'aïeule de son
Fils ; le Verbe vous aime, pour lui avoir donné une Mère, par laquelle il est homme et
Sauveur des hommes ; le Saint-Esprit vous
aime, pour lui avoir donné une si belle, si
digne et si parfaite épouse ; les anges et les
élus vous honorent comme l'arbre sacré qui
leur a produit cette belle fleur qui les réjouit,

et ce digne fruit qui est leur douce vie ; et les justes, les pénitents et les pécheurs, vous réclament, sur la terre, comme leur puissante avocate auprès de Dieu. Par votre intercession, les justes espèrent l'accroissement des grâces, les pénitents la justification de leurs âmes, les pécheurs la rémission de leurs crimes. Soyez-nous douce et favorable, ô miséricordieuse Mère de Marie, et pendant que nous vous honorons et que nous vous invoquons ici-bas, ménagez notre salut dans les cieux. Usez de l'autorité et du crédit que vous y avez en notre faveur, et ne permettez pas que les âmes qui vous révèrent, périssent. Montrez-vous toujours le refuge des pécheurs, l'asile des coupables, la consolation des affligés et l'assurance de vos fidèles serviteurs. Entreprenez la cause de mon âme, maintenant et à l'heure de ma mort. Je vous en prie, grande Dame, afin que, appuyé de vos prières et favorisé de vos mérites, je puisse espérer un jour la jouissance de la vie éternelle. Ainsi soit-il.

INDULGENCES

Attachées à la dévotion de Sainte Anne.

Alexandre VI, par son bref de l'an 1494, accorda une indulgence très-considérable à tous ceux qui réciteraient trois fois l'oraison *Ave, gratia plena*, ci-dessus, page 116.

Pie VI, par un rescrit du 10 janvier 1815, accorde à perpétuité 100 jours d'indulgence à ceux qui réciteront dévotement la même prière, et indulgence plenière le 26 juillet, jour de la fête de Sainte Anne, à tous ceux qui l'auraient récitée au moins dix fois par mois.

Clément VIII accorda en 1601 une indulgence de dix ans à tous ceux qui visiteraient dévotement les saintes reliques de Sainte Anne, le lundi de Quasimodo, jour où l'Église d'Apt célèbre la fête de leur miraculeuse invention, depuis les vêpres solennelles de la veille jusqu'à celles du lendemain inclusivement.

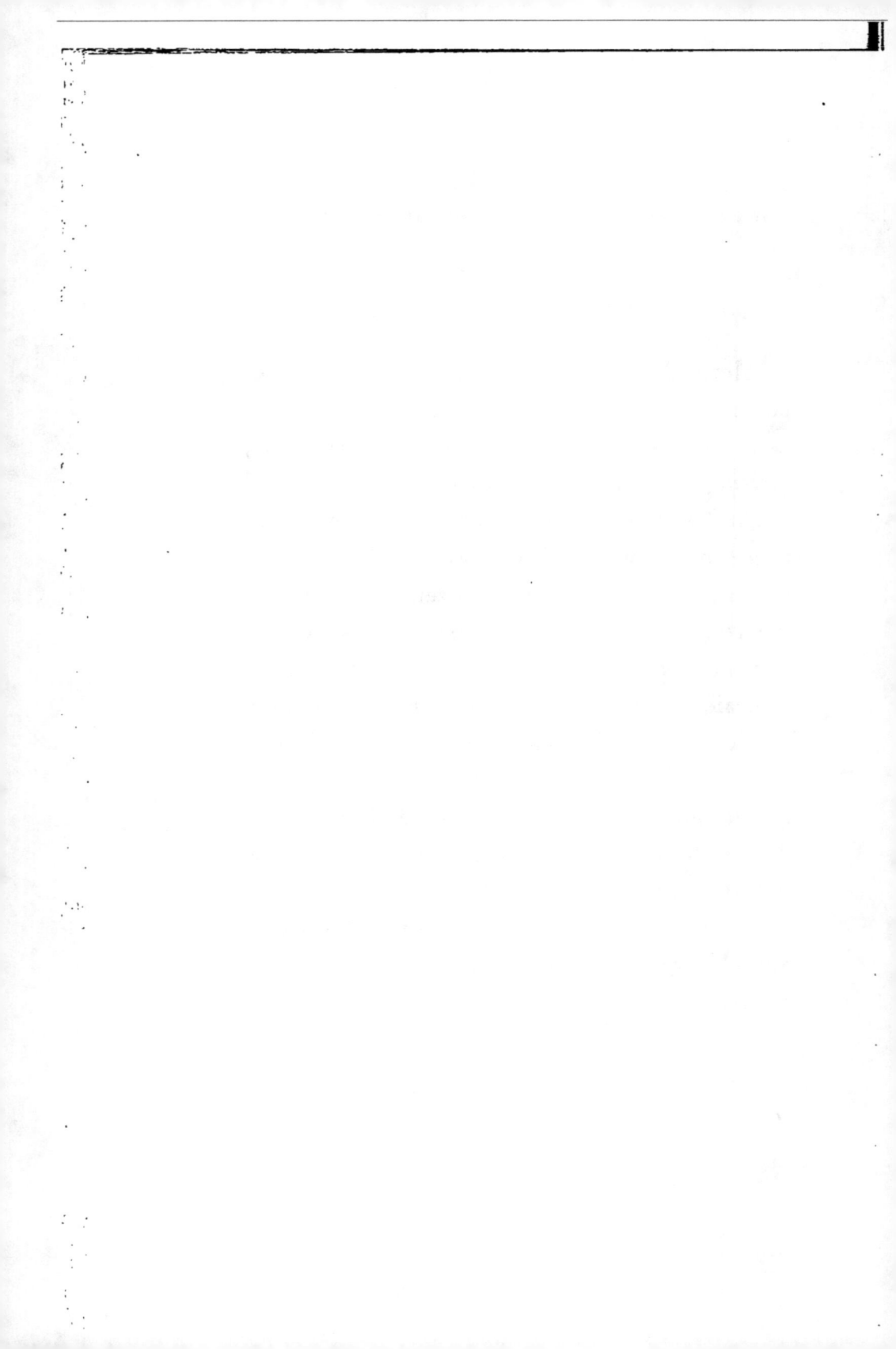

TABLE

DES MATIÈRES CONTENUES EN CE VOLUME.

——

Préface.   Page **v**

Introduction. *Apt, son antiquité et son importance, plusieurs siècles avant Jésus-Christ.*   **i**

Chapitre I. *Conversion de la ville d'Apt à l'Évangile par le ministère de saint Auspice, dès le premier siècle de l'ère chrétienne. Antiquités des traditions aptésiennes au sujet de la translation du corps de Sainte Anne, de Jérusalem en Provence. Persécution de l'Église d'Apt.*   **5**

Chap. II. *Découverte miraculeuse du corps de Sainte Anne, en présence de Charlemagne. Lettre de ce prince au Pape Adrien I, et réponse du Souverain Pontife.*   **14**

Chap. III. *Dévotion des peuples à Sainte Anne d'Apt; progrès de cette dévotion; bulles des Souverains Pontifes qui la favorisent.*   **27**

Chap. IV. *Ferveur de la dévotion des fidèles aux sacrées reliques de la glorieuse Sainte Anne d'Apt. Pèlerinages et processions des pays de Provence. La Reine Anne d'Autriche demande et obtient une portion des reliques du corps de Sainte Anne; vœu qu'elle fait. Son pèlerinage à Sainte Anne d'Apt.*   37

Chap. V. *Miracles de Sainte Anne d'Apt.*   51

Chap. VI. *Description de la basilique d'Apt, des criptes souterraines et de la royale chapelle de Sainte Anne. Détail sur les richesses de cette chapelle avant la grande révolution. Époque de la révolution. Restauration de cette chapelle en 1828. Dernier inventaire des reliques de Sainte Anne. Concessions de ces saintes reliques à diverses églises d'Europe.*   57

Notes.   105

Litanies *et Prières en l'honneur de Sainte Anne.*   110

Indulgences.   121

FIN DE LA TABLE.

EN VENTE :

—

LES MIRACLES DE LA GRACE VICTORIEUSE DE LA NATURE

OU

VIE

DE S^{TE} DELPHINE

ET

DE S^T ELZÉAR DE SABRAN,

COMTE D'ARIAN.

Par le R. P. BORÉLY, D^r en Théologie.
NOUVELLE ÉDITION,

CORRIGÉE, ET AUGMENTÉE DE NOTES, DE PLUSIEURS CANTIQUES,
ET D'UN PRÉCIS HISTORIQUE SUR LA CANONISATION ET
LE CULTE DE St ELZÉAR.

Par A. GAY.

2 Volumes in-8°, brochés,

Ornés d'une gravure en taille-douce.

Prix : 5 francs les deux Volumes.

CET ouvrage, offert aux âmes pieuses, renferme la vie de deux saints époux, que les vertus les plus éminentes, rehaussées de l'éclat brillant de la divine pureté, rendirent sur la terre les dignes émules des anges, et leur méritèrent de devenir, dans le ciel, *les compagnons inséparables de l'Agneau de Dieu.*

Les âmes vertueuses et admiratrices des actions

sublimes de Saint Elzéar et de Sainte Delphine, verront, dans cet excellent ouvrage, les moyens admirables dont la Providence s'est servie pour amener ces deux généreux époux au sacrifice héroïque qu'elle demandait d'eux ; elles y verront leurs combats et leur invincible constance au milieu des obstacles incessants suscités par l'ennemi du salut, et les armes puissantes dont ils ont fait usage contre ses suggestions et ses terribles attaques ; elles y verront enfin les palmes glorieuses de la victoire remportée après tant d'efforts, et les honneurs inouïs que le ciel et la terre, comme de concert, s'empressèrent de leur rendre, le jour même où ils cessèrent de vaincre ici-bas, pour aller triompher avec Dieu dans la splendeur des saints.

La vue des nobles combats qui ont soutenu, dans la carrière de la vie, les deux héros chrétiens présentés à leur admiration, les enflammera d'une sainte ardeur : elles apprendront d'eux les moyens de vaincre, et les victoires qu'elles leur verront remporter, presqu'à chaque pas, sur Satan et le monde, les convaincront de plus en plus que *le royaume du ciel souffre violence, et que ce n'est que par elle que le chrétien peut s'ouvrir la route du triomphe qui conduit seule à l'immortalité.*

———

Cet ouvrage se vend à Apt, chez l'auteur, rue des Pénitents-Noirs ;

A Avignon, chez MM. Seguin aîné et Aubanel, Imprimeurs-Libraires ;

A Aix, chez M. Sardat, Libraire ;

A Marseille, chez M. Chauffart, Libraire, Place Noailles, et dans les Sacristies des principales paroisses.

AVIS.

Nous annonçons avec plaisir à nos nombreux souscripteurs au *Manuel du pieux Aptésien*, ou *Heures contenant toutes les Prières et Offices qui se font, pendant l'année, dans l'ancienne cathédrale d'Apt*, que cet ouvrage, interrompu et si vivement désiré, ne tardera pas à être continué.

Voici les noms de quelques-uns des ouvrages que nous destinons à une prochaine publication, si le public instruit veut bien nous continuer sa toute bienveillante sympathie :

Les Lis de la Provence, ou Elzéar et Delphine ; 1 vol. in-18.

Fleurs de Provence, ou Histoire authentique de tous les Saints qu'elle a produits depuis l'établissement du Christianisme ; 1 vol. in-12.

Histoire abrégée de l'Église d'Apt; 1 vol. in-18.

Histoire abrégée de la ville d'Apt ; 1 vol. in-18.

Musée Aptésien, ou Notice descriptive des monuments, statues, urnes, médailles, tableaux, inscriptions, et autres objets d'art, trouvés dans Apt et ses environs; 1 vol. in-12, orné de plus de 50 lithographies et dessins coloriés.

N. B. Les personnes d'Apt, ou d'ailleurs, qui désireraient souscrire à ce dernier ouvrage, peuvent le faire dès à présent, en s'adressant directement à nous par lettre affranchie.

Prix de la souscription : 5 francs pour Apt, et 5 francs 50 (franco) par la poste. On ne commencera l'impression que lorsque le nombre des souscriptions sera suffisant pour couvrir les frais.

Impr. de Fr. Seguin aîné, à Avignon, rue Bouquerie, 13.

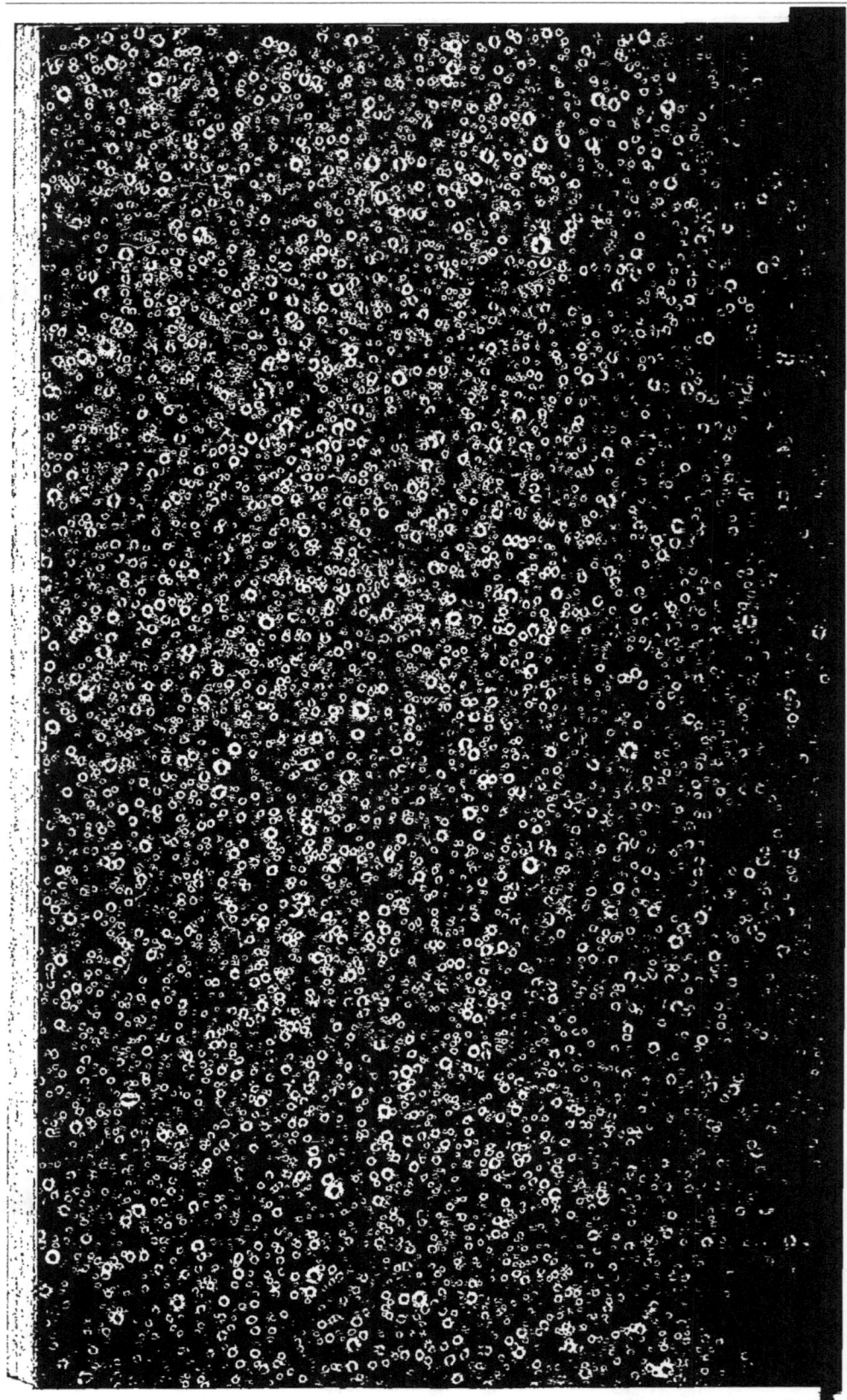

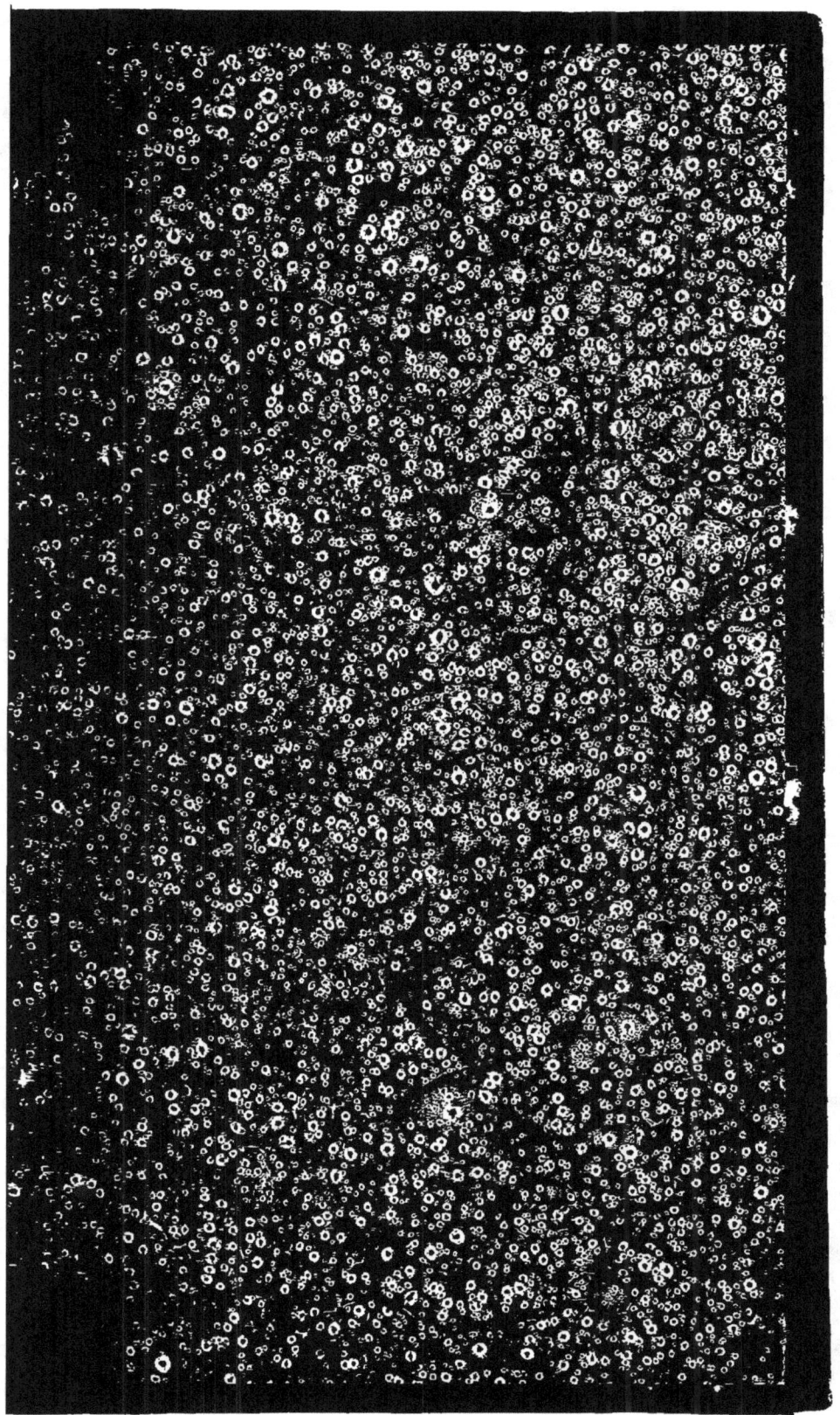

www.ingramcontent.com/pod-product-compliance
Lightning Source LLC
Chambersburg PA
CBHW071951110426
42744CB00030B/868